FICHES BAC

Tle S

Physique

enseignement spécifique

Dominique N. Meneret

Professeur agrégée de physique

Hatier

SOMMAIRE

CHECK LIST

OBSERVER

DÉPLIANT ET RABATS

- Aide-mémoire
- Techniques expérimentales

Conception maquette : **Favre & Lhaïk** • *Édition :* **Julie Drappier**
Schémas : **Lasergraphie et STDI** • *Mise en pages :* **STDI**

Comprendre les ondes

1

QUIZ p. 15

RAPPELS DE COURS

1 Description du phénomène

Une onde correspond à un **transport d'énergie** sans transport de matière. Après le passage de l'onde, le milieu retrouve son état initial.

EXEMPLE Un caillou tombe dans l'eau. L'**énergie** transportée soulève le bouchon. L'eau et le bouchon reprennent ensuite leur position initiale.

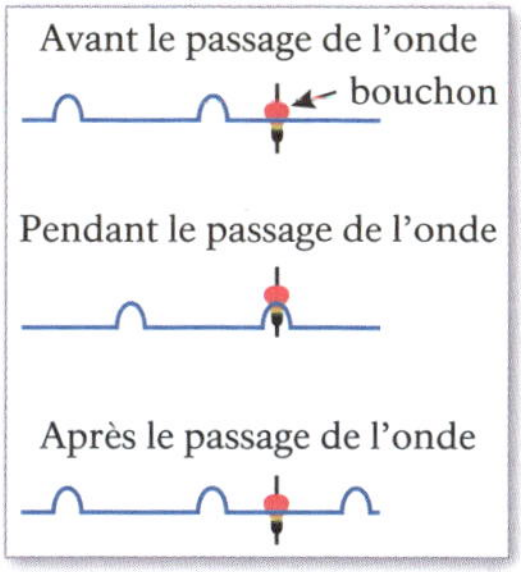

2 Caractéristiques des ondes

▶ Une **onde mécanique** se propage dans un milieu matériel et entraîne un déplacement local de matière à son passage.

▶ Une **onde électromagnétique** (→ FICHE 5) se propage dans le vide et dans certains milieux matériels dits transparents en entraînant une perturbation des champs électrique et magnétique à son passage.

▶ Si la perturbation qui se propage dans le milieu est perpendiculaire à la direction de propagation, l'onde est **transversale.**

▶ Si la perturbation est parallèle à la direction de propagation, l'onde est **longitudinale.**

3 Retard et vitesse de propagation

▶ À l'instant t, un point M du milieu subit avec un retard τ la perturbation que le point M′ a subie à la date t' :

$$\tau = t - t' \quad \tau, t \text{ et } t' \text{ en s}$$

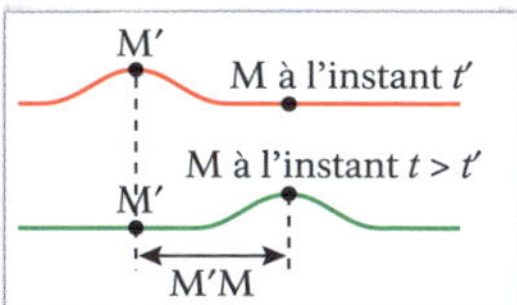

▶ La vitesse de propagation de l'onde (ou célérité) est donnée par :

$$v = \frac{M'M}{\tau}$$

v en $m \cdot s^{-1}$
M′M en m
τ en s

EXEMPLE Dans l'air, $v_{\text{lumière}} \approx 3{,}00 \times 10^8$ m · s^{-1} et $v_{\text{son}} \approx 340$ m · s^{-1}.

MÉTHODES

Classifier une onde

Deux ondes se propagent dans deux ressorts. Donner les caractéristiques de ces ondes.

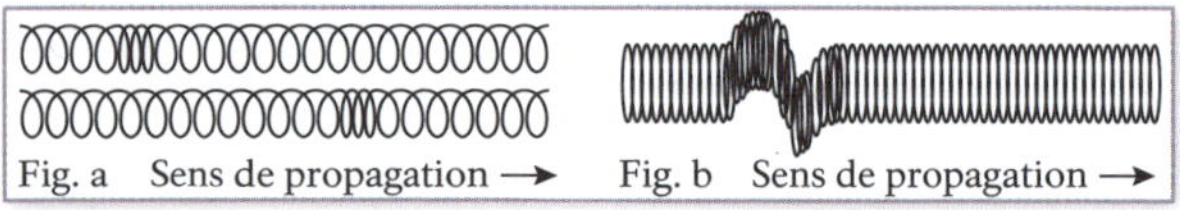

CONSEILS

Rechercher quel est le milieu de propagation. Comparer la direction de la déformation et celle de sa propagation.

SOLUTION

Les ondes se propagent dans un ressort, milieu matériel. Elles déplacent localement les spires. Il s'agit d'ondes mécaniques.

(FIG. a) La perturbation est horizontale, et l'onde de compression-dilatation se déplace horizontalement. L'onde est longitudinale.

(FIG. b) Le déplacement des spires est vertical, c'est-à-dire perpendiculaire à la direction de propagation. L'onde est transversale.

Déterminer une célérité

Pour savoir à quelle distance, exprimée en kilomètres, se trouve un orage, il faut compter le nombre de secondes qui séparent l'éclair du coup de tonnerre et diviser par trois. Justifier cette « recette ».

SOLUTION

L'éclair et le tonnerre sont émis du point M à l'instant t. L'observateur en M' voit l'éclair à ce même instant t (durée de propagation négligeable). Il entend le tonnerre à l'instant t' (son reçu avec le retard $(t' - t)$). On a donc $MM' = v(t' - t)$. La recette suppose que $v = \frac{1}{3} \approx 0{,}33$ km · s^{-1} soit 330 m · s^{-1}. Cette valeur est effectivement proche de la célérité du son dans l'air, 340 m · s^{-1}.

Identifier une onde périodique

2

QUIZ p. 15

RAPPELS DE COURS

1 Grandeurs physiques associées à une onde

Fig. a

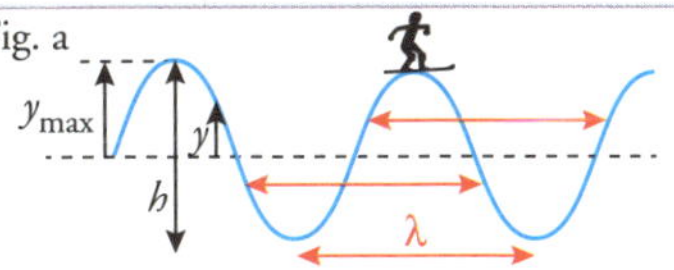

Représentation spatiale de l'onde à un instant t

▶ Pour les ondes progressives, on définit :
– le **déplacement** y (en m) ;
– l'**amplitude** y_{max} (en m) ;
– la **hauteur crête à crête** $h = 2y_{max}$.

▶ Une onde est **périodique** lorsque la perturbation se reproduit identique à elle-même à intervalles de temps égaux. On définit alors :
– la **longueur d'onde** λ (en m) qui est la plus petite distance séparant deux points du milieu se trouvant dans le même état ;
– la **période** T qui est la plus petite durée séparant deux instants où le milieu est dans le même état ;
– la **fréquence** f qui est le nombre de répétitions de la perturbation par seconde :

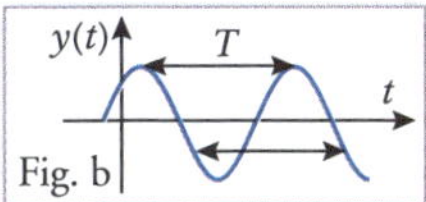

Fig. b

$$f = \frac{1}{T} \text{ et } T = \frac{1}{f}$$

f en Hz ; T en s ($1 \text{ Hz} = 1 \text{ s}^{-1}$)

▶ Une onde est **sinusoïdale** si la courbe représentant le déplacement en fonction du temps est une sinusoïde.

2 Périodicité spatiale et périodicité temporelle

▶ Une photo de la mer où se propage une onde sinusoïdale constitue une **représentation spatiale** de la mer, à un instant donné. Elle montre une **périodicité spatiale** (FIG. a).

▶ La courbe des variations du déplacement y en fonction du temps t d'un point particulier de la surface de la mer constitue une **représentation temporelle** de la perturbation, en un point donné. Elle montre une **périodicité temporelle** (FIG. b).

▶ Ces deux périodicités λ et T sont liées par la relation :

$\lambda = v \times T$	λ en m ; T en s v, vitesse de propagation de l'onde en $m \cdot s^{-1}$

MÉTHODES

Calculer une longueur d'onde dans un milieu donné

Un vibreur est relié à une sonnette et crée une onde sonore de fréquence $f = 100$ Hz qui se propage dans l'air avec une célérité $v_{air} = 3{,}4 \times 10^2\ m \cdot s^{-1}$.

Calculer la longueur d'onde dans l'air du son émis par la sonnette.

CONSEILS

Se rappeler qu'une fréquence est l'inverse d'un temps.

SOLUTION

Le son émis par la sonnette se propage dans l'air. Dans la formule reliant λ, v et T on ajoute des indices aux grandeurs qui dépendent du milieu de propagation :

$$\lambda_{air} = v_{air} \times T = \frac{v_{air}}{f} = \frac{3{,}4 \times 10^2}{100} = 3{,}4\ m.$$

Déterminer une vitesse de propagation

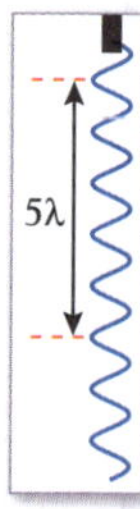

On relie le même vibreur $(f = 100\ Hz)$ à une corde. Un enregistrement vidéo permet de déterminer la longueur d'onde : $5\lambda = 75$ cm.

1. Pourquoi a-t-on mesuré 5λ et non λ ? Calculer λ.

2. Les fréquences des ondes engendrées par la sonnette dans l'air et le long de la corde sont-elles les mêmes ?

3. Calculer la célérité de l'onde le long de la corde.

SOLUTION

1. En mesurant 5λ puis en divisant la valeur par 5 on est plus précis : par exemple, si l'on risque de se tromper de 1 mm, le pourcentage d'erreur est moindre en mesurant 5 cm qu'en mesurant 1 cm.

$$\lambda = \frac{5\lambda}{5} = \frac{75}{5} = 15\ cm.$$

2. La fréquence, comme la période sont imposées par le vibreur et ne dépendent donc pas de la nature du milieu de propagation.

3. $v_{corde} = \dfrac{\lambda_{corde}}{T} = \lambda_{corde} \times f = 0{,}15 \times 100 = 15\ m \cdot s^{-1}$.

Caractériser les ondes mécaniques 3

QUIZ p. 15

RAPPELS DE COURS

Une **onde mécanique** véhicule de l'énergie qui peut mettre en mouvement la matière : le tympan, le sol, voire des bâtiments.

1 Les ondes sonores

▶ On mesure le **niveau sonore** L d'un son en comparant l'**intensité sonore** I reçue par unité de surface à une intensité de référence I_0 égale à $10^{-12}\ \mathrm{W \cdot m^{-2}}$:

$$L = 10 \log \frac{I}{I_0}$$

L sans dimension, exprimé en dB (décibel)
I et I_0 en $\mathrm{W \cdot m^{-2}}$

▶ La **célérité** du son varie selon le milieu, de $340\ \mathrm{m \cdot s^{-1}}$ dans l'air, elle atteint $5\ 000\ \mathrm{m \cdot s^{-1}}$ dans l'acier.

2 Les ondes sismiques

▶ L'**échelle de Richter** permet de comparer l'importance des séismes. La **magnitude** M compare leur amplitude A à une amplitude de référence A_0.

$$M = \log \frac{A}{A_0}$$

M sans dimension
A et A_0 en m

▶ On distingue essentiellement les ondes P (*primary*) et S (*secondary*). La perturbation liée à l'onde P est une compression-dilatation (FIG. a), celle liée à l'onde S est un cisaillement (FIG. b). La célérité des ondes P est presque deux fois plus élevée que celle des ondes S.

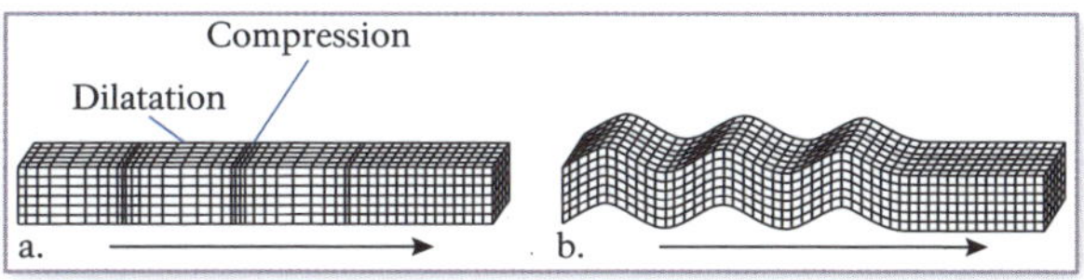

3 La houle

La houle est un phénomène ondulatoire observé à la surface de l'eau.

h étant la profondeur de l'eau, l'onde est dite courte si $\lambda < \frac{h}{2}$ et longue si $\lambda > 10h$. La célérité des ondes courtes dépend de la longueur d'onde λ.

$$v_{courte} = \sqrt{\frac{g\lambda}{2\pi}} \text{ et } v_{longue} = \sqrt{gh}$$

g, intensité du champ de pesanteur en $m \cdot s^{-2}$
h profondeur de l'eau en m

MÉTHODES

Évaluer l'importance d'un séisme

1. L'amplitude mesurée d'un séisme est $A = 4 \times 10^{-7} A_0$. Calculer sa magnitude dans l'échelle de Richter.
2. Que vaut la magnitude lorsque $A = A_0$?

CONSEILS

Penser à utiliser la formule et à bien écrire l'expression numérique avant tout calcul ; connaître la valeur de A_0 n'est pas utile.

SOLUTION

1. Dans l'échelle de Richter, la magnitude est donnée par :
$$M = \log\frac{A}{A_0} = \log\left(\frac{4 \times 10^7 A_0}{A_0}\right) = \log(4 \times 10^7) = 7{,}6.$$
2. Si $A = A_0$ on a $M = \log 1 = 0$.

REMARQUE De même, le niveau sonore L vaut 0 si $I = I_0$.

Comparer différentes célérités de houles

Pourquoi peut-on considérer que la célérité des ondes sur la mer, près du rivage, ne dépend pas de la profondeur de l'eau ?

SOLUTION

Les formules des célérités des deux types d'ondes sont :
$$v_{courte} = \sqrt{\frac{g\lambda}{2\pi}} \text{ et } v_{longue} = \sqrt{gh}.$$
Celle qui ne fait pas intervenir λ est la seconde. Il nous faut donc montrer que, près du rivage, l'onde est longue, c'est-à-dire que $\lambda > 10h$.

Imaginons-nous les vagues déferlant sur la plage, si la profondeur varie entre 10 et 50 cm, on pourra considérer qu'on observe des ondes longues si la longueur d'onde varie entre 1 et 5 m.

Connaître les caractéristiques d'un son

4

QUIZ p. 15

RAPPELS DE COURS

1 Sons et ultrasons

▶ Un son est une **onde mécanique** (→ FICHE 1) à laquelle est sensible l'oreille humaine qui perçoit les sons de fréquences comprises **entre 20 Hz et 20 000 Hz**. On parle d'**ultrasons** au-delà de 20 000 Hz. Les ultrasons sont utilisés pour réaliser des échographies.

2 Caractéristiques d'un son

▶ **Intensité** : l'amplitude d'un son fort est supérieure à celle d'un son faible.

▶ **Hauteur** : la fréquence d'un son aigu (haut) est plus élevée que celle d'un son grave (bas). Deux notes de fréquences f et $f' = 2f$ sont séparées par une octave. Elles portent le même nom.

▶ **Timbre** : deux instruments de musique différents jouant la même note produisent des signaux de formes différentes.

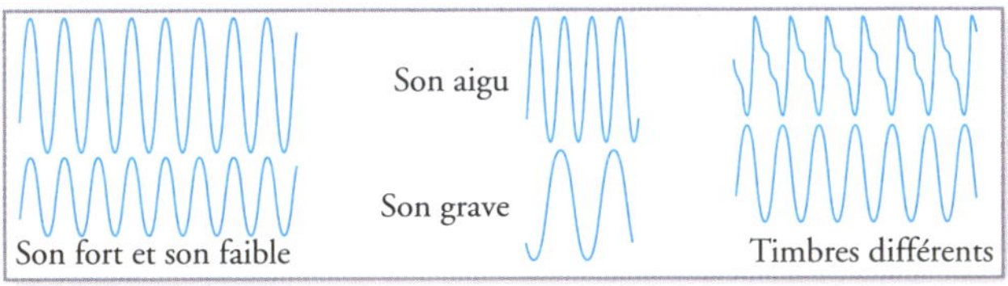

3 Analyse spectrale

▶ Un **son pur** correspond à une vibration sinusoïdale et un **son complexe** à une vibration non sinusoïdale. Un son complexe se décompose en une somme de vibrations sinusoïdales : les **harmoniques**.

Le diagramme qui donne l'amplitude de chaque vibration en fonction de sa fréquence (f_1, f_2, f_3 etc.) est le **spectre** du son. La fréquence la plus basse, f_1, donne son nom à la note qui est jouée : c'est le son **fondamental**.

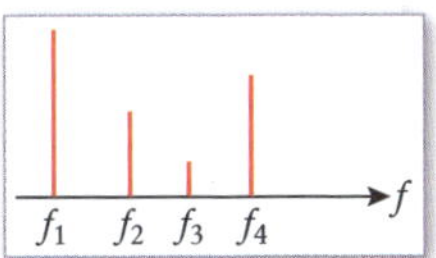

MÉTHODE

Comprendre le principe de l'analyse spectrale

À l'aide d'un synthétiseur, on produit un son (FIG. a) qui est la somme des trois vibrations sinusoïdales numérotées 1, 2 et 3 (FIG. b).

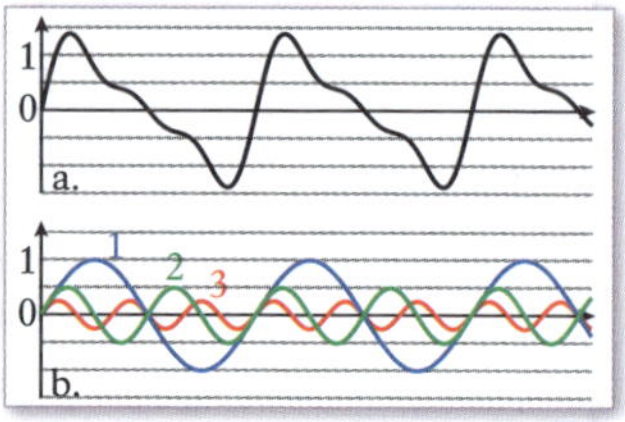

1. Lequel des sons 1, 2 et 3 correspond à la même note que le son synthétisé ?

2. Exprimer f_2 et f_3 en fonction de f_1. Comment appelle-t-on les sons 1, 2 et 3 ?

3. Comparer les intensités des sons 1, 2 et 3.

4. Tracer le spectre du son synthétisé.

CONSEILS

1. La hauteur d'un son, qui détermine la note entendue, ne dépend que de sa fréquence, pas de la forme de la vibration.

2. La fréquence est l'inverse de la période : si $T = 2T'$ alors $2f = f'$.

4. Un spectre se trace à l'échelle, on a donc besoin de connaître les intensités relatives de chaque harmonique.

SOLUTION

1. La vibration qui correspond à la même note que le son synthétisé a la même fréquence, donc la même période. C'est la vibration 1 qui a la même période que le son visualisé en a car il y a la même durée entre deux maxima des signaux. Le son 1 et le son synthétisé sont donc perçus comme la même note.

2. On constate, en comparant les durées séparant les maxima sur la figure b, que $2T_2 = T_1$ et que $3T_3 = T_1$. On a donc $f_2 = 2f_1$ et $f_3 = 3f_1$. Le son 1 est appelé le fondamental du son a et les sons 2 et 3 sont les harmoniques du son a.

3. En comparant l'amplitude des sons, on voit que le son 2 est deux fois plus faible le son 1 et que le son 3 est deux fois plus faible que le son 2.

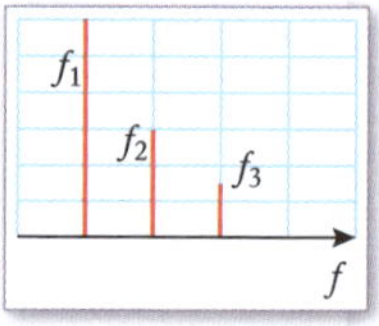

4. Voir le schéma.

Caractériser les ondes électromagnétiques

5

QUIZ p. 15

RAPPELS DE COURS

1 *Nature des ondes électromagnétiques (ondes E. M.)*

▶ Certaines ondes appelées ondes **électromagnétiques** créent à leur passage une perturbation locale des champs électrique et magnétique.

▶ Elles se propagent dans le vide avec une célérité égale à c et à une célérité inférieure dans certains milieux matériels dits transparents pour l'onde considérée.

▶ Ce sont des ondes **transversales** (→ FICHE 1).

▶ Les ondes E. M. portent des noms différents selon le domaine de fréquence auquel elles appartiennent. Elles véhiculent d'autant plus d'énergie que leur **fréquence** est élevée (→ FICHE 11). On parle de **lumière** ou de domaine visible pour les ondes E. M. que l'œil est capable de détecter.

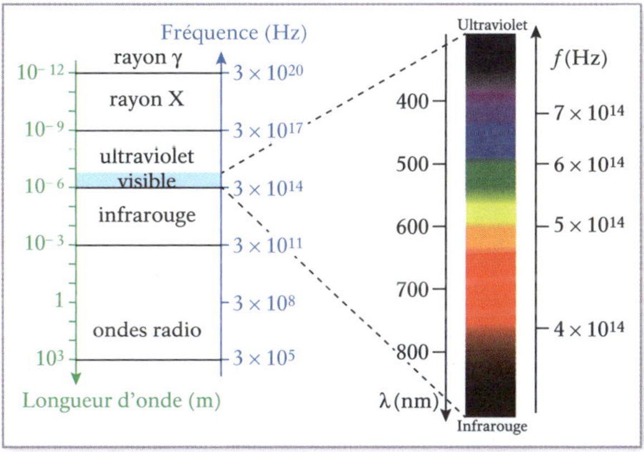

▶ Passage de l'échelle de fréquence à l'échelle de longueur d'onde :

Dans le **vide** :

$$f = \frac{c}{\lambda}$$

f en Hz
c en $m \cdot s^{-1}$
λ en m

Dans un **milieu transparent** ($v < c$) :

$$f = \frac{v}{\lambda}$$

f en Hz
v en $m \cdot s^{-1}$
λ en m

2 Sources et détection

▶ L'Univers est source d'ondes E. M. : rayonnement fossile du Big bang, galaxies… L'homme fabrique également des ondes E. M. : éclairage, télécommunication…

▶ Un détecteur doit être sensible au rayonnement, qui ne doit pas avoir été absorbé par les milieux matériels traversés.

MÉTHODES

Passer d'une échelle à l'autre

Déterminer, dans le vide, les limites en longueur d'onde du spectre visible.

CONSEILS

Utiliser la formule $\lambda = \frac{c}{f}$.

SOLUTION

$\frac{3\times10^8}{7\times10^{14}} \simeq 4\times10^{-7}$ m ; $\frac{3\times10^8}{4\times10^{14}} \simeq 7{,}5\times10^{-7}$ m.

Comprendre comment utiliser les ondes E. M.

Quelle utilisation envisager pour chacun de ces types d'ondes ?

1. Parmi les ondes émises depuis le sol, celles dont la longueur d'onde est inférieure à 2 m peuvent traverser l'ionosphère.

2. Des infrarouges (rayonnement IR) sont émis par les objets chauds.

3. Les rayons X sont peu arrêtés par le carbone et l'oxygène mais ils sont absorbés par les éléments plus « lourds ».

SOLUTION

1. Ces ondes radio peuvent être émises par un téléphone, reçues par des satellites géostationnaires, puis rediffusées vers un autre point du globe.

2. Des caméras sensibles aux IR détectent la présence des objets « chauds », en particulier celle d'êtres vivants. Elles permettent de « voir » de nuit.

3. Les rayons X passent à travers la chair et sont arrêtés par les os, permettant de réaliser des radiographies du squelette.

Quiz express

6

Cochez la ou les bonnes réponses

Ondes progressives

1 La propagation d'une onde

Lors de la propagation d'une onde, il y a :

☐ a. transport d'énergie sans transport de matière
☐ b. transport de matière sans transport d'énergie
☐ c. à la fois transport d'énergie et transport de matière

2 Les caractéristiques d'une onde progressive périodique

Lorsqu'une onde progressive périodique change de milieu :

☐ a. sa fréquence et sa période peuvent changer
☐ b. sa célérité peut changer
☐ c. sa longueur d'onde peut changer

3 Les périodicités spatiale et temporelle

☐ a. Sur la courbe a. chaque intervalle représenté vaut λ.

☐ b. Sur la courbe b. chaque intervalle représenté vaut λ.

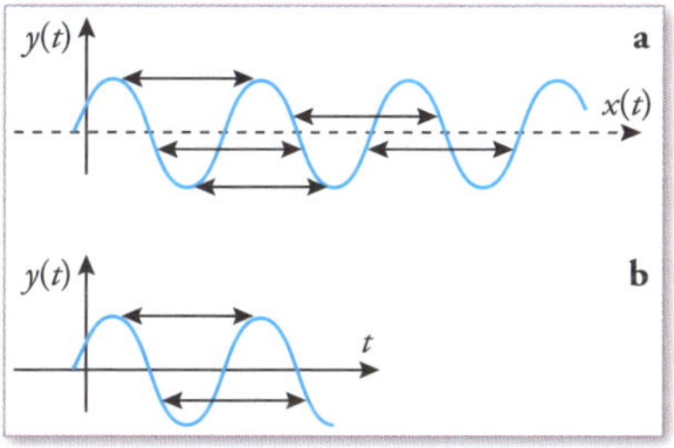

4 Les caractéristiques d'un son

☐ a. Plus un son est aigu, plus sa fréquence est élevée.
☐ b. Plus un son est fort, plus sa fréquence est élevée.
☐ c. Une flûte et un violon jouent un sol. Les sons n'ont pas la même fondamentale mais les mêmes harmoniques.

5 La célérité des ondes

Lors d'un séisme, sont émises des ondes *P* et des ondes *S* dont la vitesse de propagation est plus faible (→ FICHE 3).

☐ a. Les ondes *P* sont émises avant les ondes *S*.
☐ b. Les dates de réception des ondes *P* et *S* peuvent permettre d'évaluer la position de l'épicentre du séisme.

Corrigés

Score : … / 5

1 *La propagation d'une onde*

Fiche 1

Réponse a. Lors de la propagation d'une onde, il y a transport d'énergie sans transport de matière.

2 *Les caractéristiques d'une onde progressive périodique*

Fiche 2

a. Faux. La fréquence et la période sont une caractéristique intrinsèque de l'onde, qui est imposée par l'émetteur à la source de l'onde et ne dépend donc pas du milieu de propagation.

b. Vrai. La vitesse de propagation v dépend du milieu

c. Vrai. La longueur d'onde $\lambda = vT$ dépend également du milieu.

3 *Les périodicités spatiale et temporelle*

Fiche 2

a. Vrai. La courbe a. est comme une photographie d'une corde à un instant donné, c'est une représentation spatiale : $y = f(x)$. Chaque intervalle représenté vaut λ.

b. Faux. La courbe b. donne les positions successives y d'un point de la corde au cours du temps, c'est une représentation temporelle $y = f(t)$ de la perturbation en un point. Chaque intervalle de temps représenté vaut T.

4 *Les caractéristiques d'un son*

Fiche 4

a. Vrai. C'est la fréquence qui donne la hauteur de la note : plus un son est aigu, plus la fréquence est élevée.

b. Faux. Plus un son est fort, plus son amplitude est élevée.

c. Faux. C'est la fréquence du fondamental qui détermine le nom de la note, les harmoniques n'influant que sur le timbre.

5 *La célérité des ondes*

Fiches 3 et 4

a. Faux. Les ondes P et S sont émises simultanément ; par exemple à l'instant $t = 0$, mais parviennent à une distance L à des instants t_P et t_S différents ($t_P < t_S$ puisque l'onde P est plus rapide).

b. Vrai. Comme dans l'exercice sur l'orage (→ FICHE 1) on peut déterminer la distance L à laquelle les ondes ont été émises à partir du décalage temporel et de la connaissance de leurs vitesses respectives.

Comprendre l'effet Doppler

7

QUIZ p. 23

RAPPELS DE COURS

1 Mise en évidence de l'effet Doppler

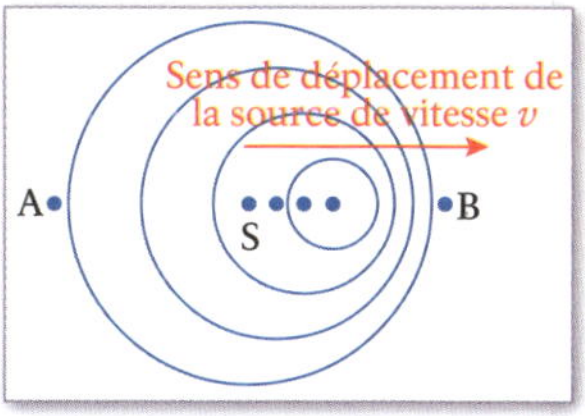

▶ Un vibreur crée à la surface de l'eau des ondes circulaires de fréquence f qui se propagent à partir de S à la vitesse V.

▶ Si le vibreur se déplace en s'éloignant de A et en s'approchant de B, A reçoit moins fréquemment les vaguelettes : A perçoit donc une fréquence $f_A < f$. B, lui, reçoit plus fréquemment les vaguelettes : B perçoit une fréquence $f_B > f$.

2 Expression du décalage Doppler

f' est la fréquence du signal reçu et f celle du signal émis (en Hz) ; λ' est la longueur d'onde du signal reçu et λ celle du signal émis (en m) ; v est la vitesse de déplacement de la source et V est la vitesse de propagation de l'onde (en $m \cdot s^{-1}$) ; T est la période du signal émis (en s).

▶ **Source s'approchant de l'observateur :** $f' > f$ et $\lambda' < \lambda$

$$f' = f\frac{V}{V - v} \text{ et } \lambda' = \lambda - vT$$

▶ **Source s'éloignant de l'observateur :** $f' < f$ et $\lambda' > \lambda$

$$f' = f\frac{V}{V + v} \text{ et } \lambda' = \lambda + vT$$

3 Application à l'astrophysique

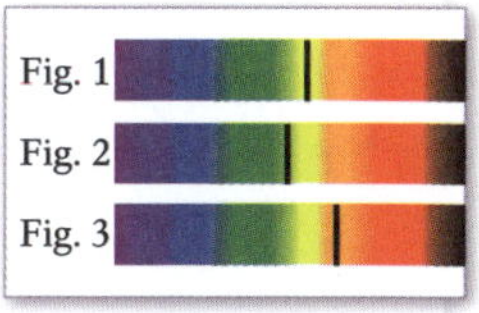

Lorsqu'une étoile s'approche d'un observateur terrestre, la raie caractéristique d'un élément chimique donné apparaît décalée vers le bleu (fréquence plus élevée, FIG. 2) par rapport au spectre d'absorption de référence (FIG. 1).

Au contraire, si l'étoile s'éloigne de la Terre, cette même raie est décalée vers le rouge (fréquence moins élevée, FIG. 3).

MÉTHODES

Calculer un décalage Doppler

Un camion roule à une vitesse $v = 75$ km · h^{-1}. Pour alerter un randonneur, le conducteur actionne son klaxon, dont la fréquence f est de 350 Hz. Calculer la fréquence du son perçu par le randonneur.

Conseils

Déterminer si le camion s'approche ou s'éloigne.

Solution

Le camion s'approche du randonneur. Il faudra utiliser la première formule du recto de la fiche. Dans cette formule, la vitesse doit être exprimée en m · s^{-1}.

On convertit : $v = 75\text{km} \cdot \text{h}^{-1} = \dfrac{75}{3,6} = 21\ \text{m} \cdot \text{s}^{-1}$

$$f' = f\frac{V}{V - v} = 350 \times \frac{340}{340 - 21} = 373\ \text{Hz}$$

Le son perçu est plus aigu que le son émis.

Interpréter un décalage Doppler en astrophysique

Les étoiles doubles sont formées de deux étoiles E_1 et E_2 en rotation. E_1 se dirige vers la position E'_1 et E_2 se dirige vers la position E'_2.

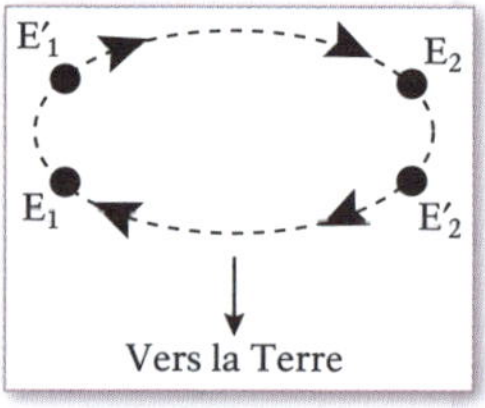

Expliquer pourquoi dans le spectre d'absorption de l'étoile double correspondant à un élément donné, on observe deux raies et non une seule.

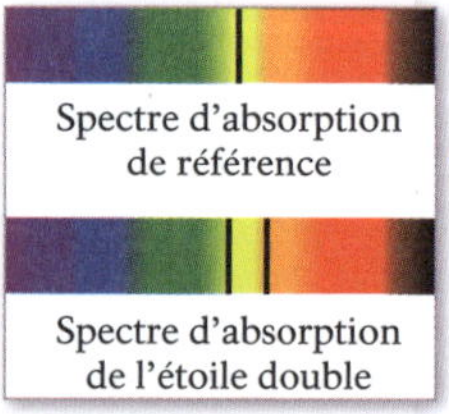

Solution

Si les deux étoiles étaient immobiles, leurs spectres se superposeraient et donneraient le spectre de référence.
Mais E_1 s'éloigne de la Terre, la fréquence perçue est donc plus faible que celle qui est attendue : la raie est décalée vers le rouge. Au contraire, la raie du spectre correspondant à E_2 se décale vers le bleu.
Les deux spectres superposés donnent un spectre à deux raies.

Interpréter les interférences

8

QUIZ p. 23

RAPPELS DE COURS

1 Superposition des ondes

▶ Lorsque deux ondes se croisent, leurs effets se superposent : on dit que les ondes interfèrent. Si les effets s'annulent, on parle d'interférences **destructives** ; s'ils s'ajoutent, d'interférences **constructives**.

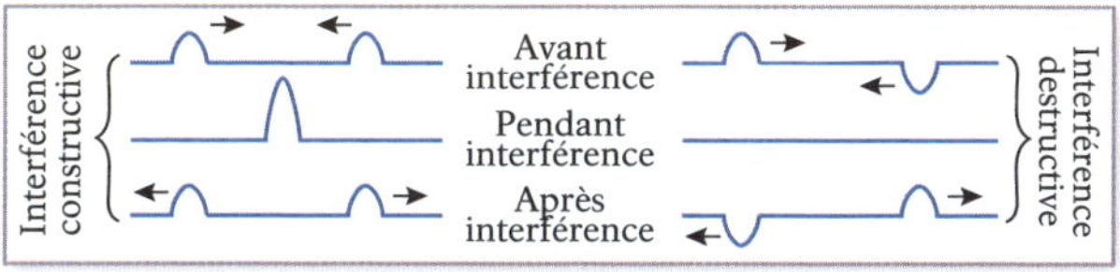

▶ Pour des ondes à la surface de l'eau on distingue **crêtes et creux.**

▶ Pour des ondes lumineuses, on distingue **franges** sombres (analogues aux creux) et brillantes (analogues aux crêtes). La distance entre deux franges brillantes ou deux franges sombres est l'**interfrange** i.

2 Ondes en phase, déphasage

▶ Deux ondes de même fréquence sont **en phase** lorsque maxima et minima coïncident toujours au cours du temps.

▶ Lorsque ce n'est pas le cas, on observe un **déphasage** (ou différence de phase) qui correspond au décalage temporel entre les vibrations des deux sources. En pratique, le déphasage se mesure lors du « passage par zéro ».

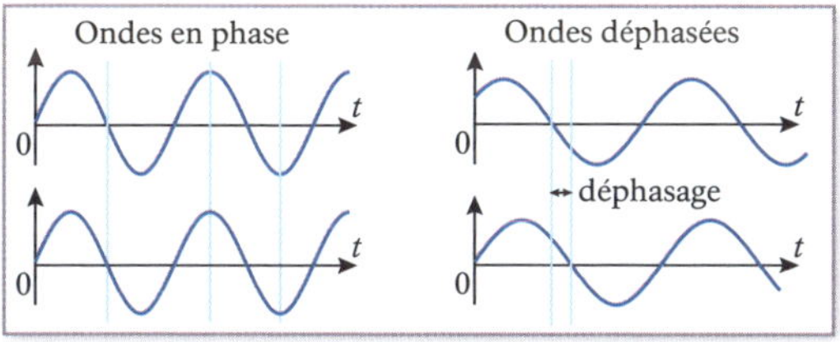

3 Conditions d'obtention de figures d'interférence

▶ Deux ondes interfèrent toujours mais le phénomène d'interférence n'est stable que si les sources sont cohérentes.

▶ Deux sources sont **cohérentes** si elles sont de même fréquence, en phase ou présentant un déphasage constant au cours du temps.

MÉTHODE

Calculer une interfrange

On éclaire en lumière rouge puis en lumière verte deux fentes séparées de $d = 0{,}1$ mm. L'onde lumineuse se sépare en deux ondes (une dans chaque fente) qui interfèrent entre elles. Les figures d'interférence se forment sur un écran situé à $D = 2{,}5$ m des fentes.

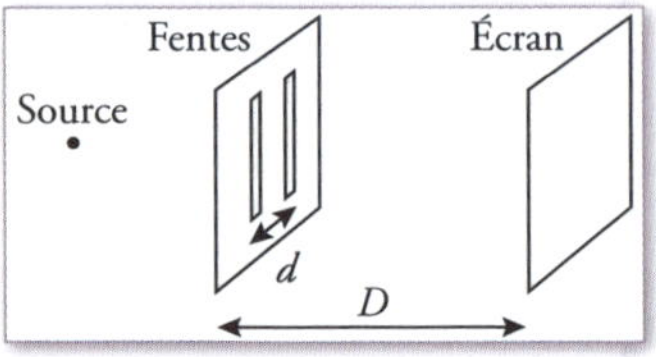

Données : $i = \dfrac{\lambda D}{d}$; $\lambda_{rouge} = 680$ nm ; $\lambda_{vert} = 530$ nm.

1. Calculer les valeurs des interfranges i.

2. Schématiser les deux figures d'interférence observées. Les comparer.

Conseils

1. Convertir toutes les longueurs dans la même unité.

2. Schématiser signifie qu'on ne doit pas représenter les dégradés de couleur. En revanche, à partir du moment où l'interfrange a été calculée, les deux figures doivent être réalisées à l'échelle pour pouvoir les comparer.

Solution

1. On utilise la formule donnée après avoir exprimé d en mètres :

$$i_{rouge} = \frac{\lambda D}{d} = \frac{6{,}8 \times 10^{-7} \times 2{,}5}{0{,}1 \times 10^{-3}} = 1{,}7 \times 10^{-2}\ \text{m} ;$$

$$i_{vert} = \frac{\lambda D}{d} = \frac{5{,}3 \times 10^{-7} \times 2{,}5}{0{,}1 \times 10^{-3}} = 1{,}4 \times 10^{-2}\ \text{m}.$$

2. On trace les franges brillantes rouges espacées de 1,7 cm et les franges brillantes vertes espacées de 1,4 cm (figure ci-dessous). Le système de franges en lumière rouge est plus étendu car la longueur d'onde de la radiation rouge est plus grande.

Comprendre la diffraction

9

QUIZ p. 23

RAPPELS DE COURS

1 Mise en évidence

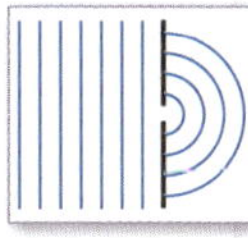

▶ Une onde rectiligne se propageant à la surface de l'eau peut se **diffracter**. Le phénomène ne se produit pas si l'obstacle ou l'ouverture sont grands.

▶ Elle donne naissance, après l'obstacle, à une onde circulaire.

2 Diffraction de la lumière

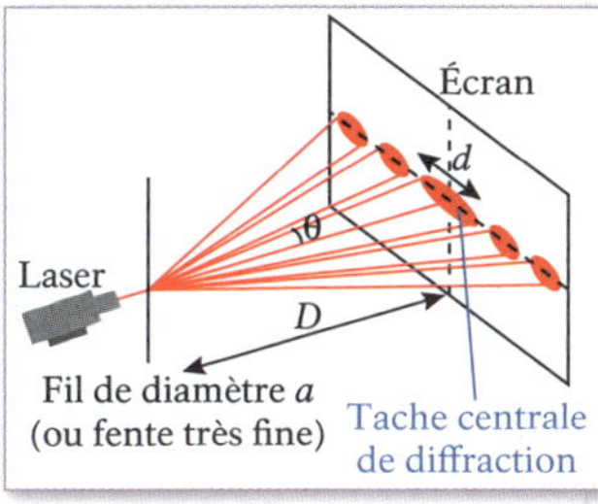

▶ Si on interpose une fente ou un fil très fin devant un laser, on observe une zone d'éclairement non uniforme perpendiculaire à la fente, que l'on appelle une **figure de diffraction**.

▶ L'**écart angulaire** entre le milieu de la tache centrale et la première extinction (centre de la première zone sombre) vaut :

$$\theta = \frac{\lambda}{a}$$

a, diamètre du fil, en m
λ, longueur d'onde, en m
θ en rad

L'écart angulaire θ est aussi appelé demi-largeur angulaire.

▶ Pour de petits angles, $\tan\theta \approx \theta$ (→ FICHE 45), on montre que :

$$\theta \approx \tan\theta = \frac{d}{2D}$$

d, largeur de la tache centrale en m
D, distance entre le fil et l'écran en m
θ en rad

3 Caractéristiques

▶ La longueur d'onde est la même avant et après l'obstacle. Le phénomène se produit lorsque la **taille de l'obstacle** est de **l'ordre de grandeur de la longueur d'onde.**

▶ La diffraction est **caractéristique des ondes.** Historiquement, c'est ce qui a conduit à considérer la lumière comme une onde.

Utiliser la formule $\theta = \dfrac{\lambda}{a}$

Pour évaluer la taille d'un cheveu, on réalise le montage représenté au recto de la fiche en utilisant un laser de longueur d'onde dans le vide $\lambda = 632{,}8$ nm. On règle le dispositif pour que $d = 2{,}0$ cm : l'écran est alors à $D = 1{,}0$ m du cheveu. Déterminer le diamètre du cheveu.

Conseils

Pour de petits angles, $\theta \approx \tan\theta$.

Solution

Avec les notations du schéma de la fiche, on peut écrire :

$\tan\theta = \dfrac{d}{2D}$. Comme $\theta = \dfrac{\lambda}{a}$ et que, pour de petits angles, $\theta \approx \tan\theta$, il vient $\dfrac{\lambda}{a} = \dfrac{d}{2D}$ soit :

$$a = \frac{\lambda \times 2D}{d} = 632{,}8 \times 10^{-9} \times 2 \times \frac{1{,}0}{0{,}020} = 6{,}3 \times 10^{-5}\,\text{m} = 63\ \mu\text{m}.$$

Expliquer le phénomène d'irisation

La lumière blanche est composée d'une infinité de radiations. Pour simplifier, on ne s'intéresse qu'à trois radiations : rouge (R), verte (V) et bleue (B). On a : V + R = jaune ; R + B + V = blanc.

1. Comparer les largeurs des taches centrales observées pour chacune des trois radiations.

2. On éclaire la fente en lumière blanche. Expliquer pourquoi la tache centrale de la figure de diffraction est blanche.

3. Expliquer l'origine des irisations de chaque côté de la tache.

Solution

1. Comme $\lambda_B < \lambda_V < \lambda_R$ et que $\theta = \dfrac{\lambda}{a}$, on a $\theta_B < \theta_V < \theta_R$.
On a donc $d_B < d_V < d_R$.

2. Au centre, se superposent toutes les couleurs : R + B + V = blanc.

3. La tache centrale rouge est plus étalée que les taches verte et bleue : les bords de la tache centrale sont rouges. Là où seul du vert s'ajoute au rouge, la couleur est jaune.

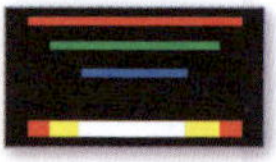

Quiz express 10

Cochez la ou les bonnes réponses

Propriétés des ondes

1 Le phénomène de l'effet Doppler

Lorsqu'une ambulance s'approche d'un piéton :

- ☐ **a.** la fréquence de la sirène augmente
- ☐ **b.** il semble au piéton que le son de la sirène est plus aigu
- ☐ **c.** il semble au piéton que le son de la sirène est plus grave

2 Les formules de l'effet Doppler

Dans les expressions suivantes, V représente la vitesse de l'ambulance et v la vitesse du son dans l'air.

(1) $f' = f\dfrac{V}{V-v}$ (2) $f' = f\dfrac{V}{V+v}$ (3) $\lambda' = \lambda + VT$ (4) $f\lambda = v$

☐ **a.** f' calculée par la formule (1) est supérieure à f' calculée par la formule (2).

☐ **b.** Si f', fréquence perçue, est plus grande que f, fréquence émise, alors $\lambda > \lambda'$.

☐ **c.** Les équations (1) et (3) correspondent à la même situation physique.

☐ **d.** Les équations (2) et (3) correspondent à la même situation physique.

3 Les interférences

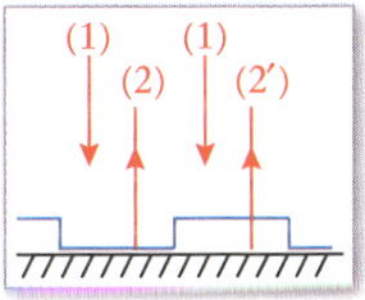

Le schéma ci-contre représente un « creux » et un « plat » sur un CD en polycarbonate. On suppose que l'onde incidente (1) est en phase avec l'onde réfléchie (2).

Donnée : $v_{polycarbonate} < v_{air}$

☐ **a.** Pour certaines épaisseurs du plat, l'onde réfléchie (2′) peut être en phase avec (1)

☐ **b.** Si (1) et (2) interfèrent de façon constructive, (1) et (2′) interfèrent forcément de façon destructive.

4 La diffraction

☐ **a.** La figure de diffraction obtenue en interposant un fil sur le trajet d'un laser est absolument identique à celle que l'on obtient en interposant une fente de même largeur.

☐ **b.** Une onde est diffractée à chaque rencontre d'obstacle.

Corrigés

Score : ... / 4

1 *Le phénomène de l'effet Doppler*

Fiche 7

a. Faux. Lorsqu'une ambulance s'approche d'un piéton, la fréquence (caractéristique intrinsèque de la sirène) n'est pas modifiée.

b. Vrai et c. Faux. Le piéton perçoit une fréquence plus grande et donc un son plus aigu que le conducteur de l'ambulance.

2 *Les formules de l'effet Doppler*

Fiche 7

a. Vrai. Pour un même numérateur, le dénominateur de la formule (1) est plus petit que celui de la formule (2) donc f' calculée par la formule (1) est supérieure à f' calculée par la formule (2).

b. Faux. $f\lambda = v$ correspond à $\lambda = vT = \frac{v}{f}$. Si la fréquence augmente, la longueur d'onde diminue.

c. Faux. Dans l'équation (3), λ' est supérieure à λ. Pour décrire la même situation physique, f' doit être soit plus petite que f.
Or dans l'équation (1) f' est plus grande que f car $\frac{V}{V-v}$ est inférieur à 1.

d. Vrai. Au contraire, dans l'équation (2) f' est plus petite que f car $\frac{V}{V+v}$ est supérieur à 1. Donc ce sont les équations (2) et (3) qui correspondent à la même situation physique (en l'occurrence une source qui s'éloigne du récepteur).

3 *Les interférences*

Fiche 8

a. Vrai. Cela se produit si l'onde, qui se propage moins vite dans le polycarbonate, est retardée d'exactement une période.

b. Faux. Le déphasage entre (2) et (2') dépend de l'épaisseur du relief du « plat ».

Remarque : on s'arrange pour que cette épaisseur entraine pour (2') un retard de une demi-période ; dans ce cas, s'il y a interférence constructive entre (1) et (2), elle est destructive entre (1) et (2') ce qui permet de « lire » le CD, c'est-à-dire de détecter la différence entre « creux » et « plats ».

4 *La diffraction*

Fiche 9

Réponse a. On n'observe de figure de diffraction que si l'ouverture ou l'obstacle est assez petit, c'est-à-dire d'une taille du même ordre de grandeur que la longueur d'onde de l'onde.

Découvrir le photon

11

QUIZ p. 31

RAPPELS DE COURS

1 La découverte du photon

▶ Un métal peut émettre des électrons lorsqu'il est soumis à un rayonnement lumineux. Ce phénomène est appelé **effet photoélectrique**. Pour le provoquer, il est inutile d'augmenter l'intensité du faisceau lumineux (expérience 1).

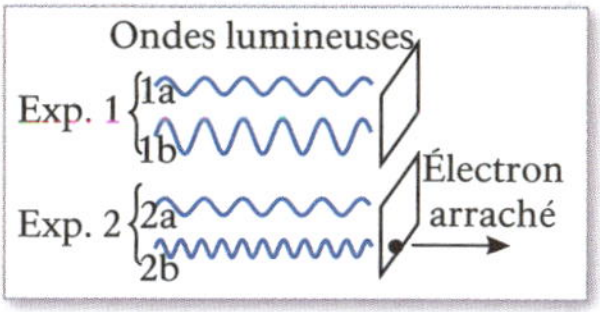

Il faut que la fréquence soit suffisamment élevée (expérience 2) : l'intensité des deux ondes est identique, mais la fréquence de l'onde 2b est supérieure à celle de l'onde 2a.

▶ En 1900, **M. Planck** suppose que l'énergie est échangée entre les ondes et le métal par « **paquets** ». Chaque paquet est un « **quantum** » d'énergie E dont la valeur est proportionnelle à la fréquence de l'onde :

$$E = h \times f$$

E, énergie portée par un « quantum » en J
f, fréquence de l'onde, en Hz, parfois notée ν
h, constante de Planck ($h = 6{,}6 \times 10^{-34}$ J · s)

▶ En 1905, **A. Einstein** postule que la lumière est composée de **quanta** d'énergie appelés **photons** et explique l'effet photoélectrique (→ FICHE 12).

2 Émission et absorption quantique d'un photon

▶ Un atome ne peut avoir qu'un nombre discret de niveaux d'énergie : E_1, E_2, E_3, ..., E_n, ...

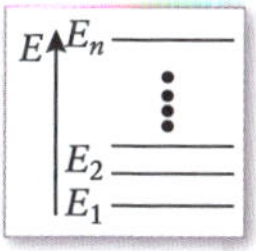

▶ Un atome dans l'état d'énergie E_n peut absorber ou émettre une radiation électromagnétique de fréquence ν s'il existe un état E_p de l'atome tel que :

$$\nu = \frac{|E_n - E_p|}{h}$$

ν en Hz ; E_n et E_p en J
($h = 6{,}6 \times 10^{-34}$ J · s)

À cette radiation est associé le photon absorbé ou émis, d'énergie $|E_n - E_p|$.

Données : 1 eV $= 1{,}6 \times 10^{-19}$ J ; $h = 6{,}6 \times 10^{-34}$ J · s ;
$c = 3{,}00 \times 10^{8}$ m · s^{-1}.

Convertir des électronvolts en joules

L'énergie E nécessaire pour extraire par effet photoélectrique un électron d'un atome de zinc est de 3, 3 eV.

1. Sous quelle(s) forme(s) l'énergie est-elle apportée ?
2. Calculer la fréquence ν et la longueur d'onde λ correspondante.

Conseils

1. On se placera des deux points de vue, corpusculaire et ondulatoire.
2. Dans la formule $E = hf$ ou $h\nu$, l'énergie est en joules.

Solution

1. D'un point de vue ondulatoire, l'énergie est apportée par une onde lumineuse de fréquence $f = \dfrac{E}{h}$. D'un point de vue corpusculaire, elle est apportée par un photon d'énergie cinétique E.

2. $f = \dfrac{E}{h} = \dfrac{3{,}3 \times 1{,}6 \times 10^{-19}}{6{,}6 \times 10^{-34}} = 8{,}0 \times 10^{14}$ Hz

$\lambda = \dfrac{c}{f} = 3{,}75 \times 10^{-7} = 375$ nm (Rayonnement U.V.).

Calculer la valeur de l'énergie associée à un niveau

Sur le diagramme d'énergie de l'atome de sodium sont représentées les désexcitations correspondant aux radiations de fréquences $f_1 = 7{,}8 \times 10^{14}$ Hz et $f_2 = 5{,}1 \times 10^{14}$ Hz. Calculer E_3 et E_2.

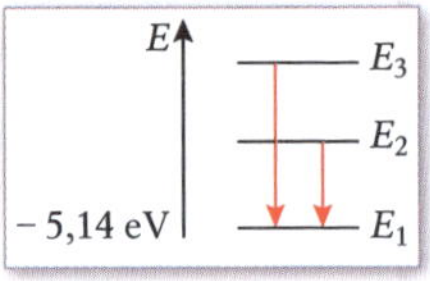

Solution

On applique la relation $|E_n - E_p| = hf$ au cas particulier.
D'après le schéma, $(E_3 - E_1) > (E_2 - E_1)$ donc comme $f_1 > f_2$ on a $E_3 - E_1 = hf_1$ et $E_2 - E_1 = hf_2$. Il vient finalement $E_3 = E_1 + hf_1$ et $E_2 = E_1 + hf_2$.

$$E_3 = -5{,}14 + \frac{(6{,}6 \times 10^{-34} \times 7{,}8 \times 10^{14})}{1{,}6 \times 10^{-19}} = -1{,}93 \text{ eV}$$

$$E_2 = -5{,}14 + \frac{(6{,}6 \times 10^{-34} \times 5{,}1 \times 10^{14})}{1{,}6 \times 10^{-19}} = -3{,}04 \text{ eV}$$

Comprendre la dualité onde-corpuscule (1)

12

QUIZ p. 31

RAPPELS DE COURS

1 Dualité onde-corpuscule

▶ En 1923, **L. de Broglie** associe à toute particule dont la quantité de mouvement est p (→ FICHE 19) une onde de longueur d'onde associée λ :

$$\lambda = \frac{h}{p} \quad \begin{array}{l} \lambda \text{ en m} ; p \text{ en kg} \cdot \text{m} \cdot \text{s}^{-1} \\ h = 6{,}6 \times 10^{-34}\ \text{J} \cdot \text{s} \end{array}$$

Sachant que $E = pc$ (→ FICHE 19) cette relation équivaut à $E = hf = \frac{hc}{\lambda}$.

▶ Cette relation traduit la dualité onde-corpuscule et permet l'interprétation de l'effet photoélectrique (→ FICHE 11).

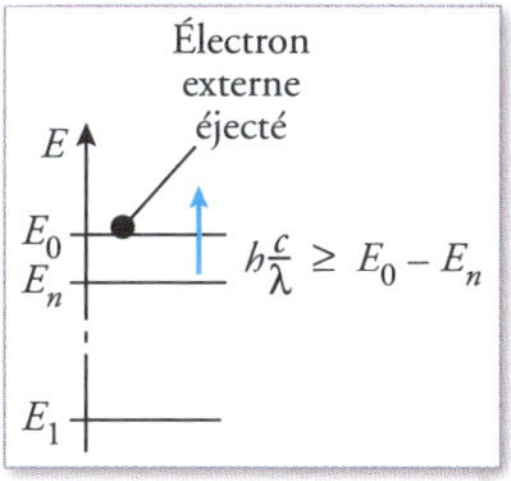

Avec les notations du schéma ci-contre, une onde lumineuse de longueur d'onde λ apporte l'énergie $E_0 - E_n = \frac{hc}{\lambda}$ suffisante pour arracher l'électron (caractère ondulatoire).

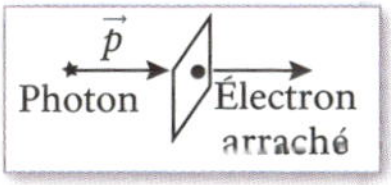

Il s'interprète aussi comme l'arrachement d'un électron sous l'effet du choc d'une particule, un photon, de quantité de mouvement $\vec{p}$ (→ FICHE 19), contre le métal (caractère corpusculaire).

2 Manifestation du caractère ondulatoire d'une particule

▶ Les propriétés ondulatoires des particules se manifestent lorsqu'elles sont en grand nombre et que l'on observe des phénomènes caractéristiques des ondes, tels que les **interférences** ou la **diffraction**.

▶ Pour savoir si une particule est susceptible de se comporter comme une onde on peut utiliser ce critère quantitatif : la **longueur d'onde** associée à la particule, et calculée avec la formule de de Broglie, doit être de l'ordre de grandeur de la taille des obstacles (ou des ouvertures) que la particule rencontre, c'est-à-dire qu'il doit y avoir possibilité de diffraction.

▶ Lors d'une expérience d'interférences avec des particules, par exemple des photons ou des électrons, il est **impossible de dire** si une particule donnée est passée par le trou 1 ou le trou 2 et il est **impossible de prévoir** son lieu d'impact. On peut seulement estimer la probabilité que l'impact ait lieu en point donné de l'écran.

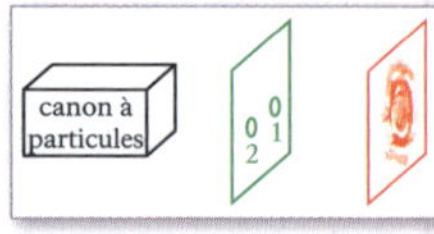

MÉTHODE

Interpréter une expérience d'interférences d'électrons

Un écran sensible aux électrons est placé face à un canon à électrons. On interpose un cache percé de deux trous.

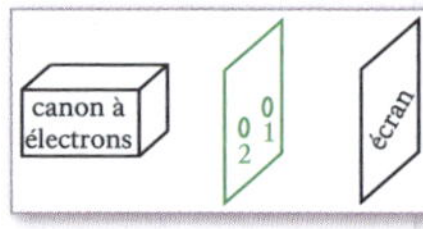

1. Quels trous ouvrir pour observer les figures 1, 2 et 3 ?

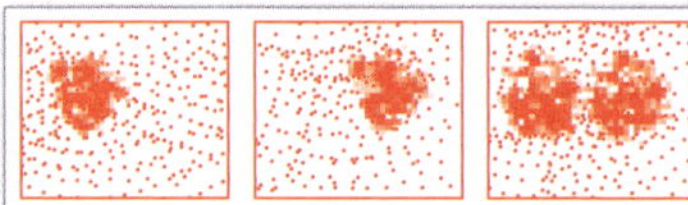

Fig. 1 Fig. 2 Fig. 3

En réalité, lorsque les deux trous sont ouverts, on observe une tout autre figure (FIG. 4).

2. Quel est le détail le plus surprenant de la figure 4 ?

3. Quelle propriété des électrons cette expérience met-elle en évidence ?

Fig. 4

CONSEILS

1. Comparer le canon à électron à un pistolet à billes lançant des billes vers le cache percé de trous.

3. Rechercher le nom de la figure obtenue

SOLUTION

1. Trou 1 ouvert : FIG. 1. Trou 2 ouvert : FIG. 2. Trous 1 et 2 ouverts : FIG. 3.

2. Il y a un maximum d'électrons au centre de l'écran alors que juste en face du canon, le cache n'est pas percé.

3. La figure obtenue est une figure d'interférences : les électrons, habituellement considérés comme des particules de matière, ont ici un comportement ondulatoire.

Comprendre la dualité onde-corpuscule (2)

13

QUIZ p. 31

RAPPELS DE COURS

1 Particules et rayonnement

▶ Une particule **composite** est composée d'éléments plus petits.

EXEMPLE La particule α est un noyau d'hélium He^{2+} (2 protons et 2 neutrons).

▶ Une particule **élémentaire** ne peut être décomposée en éléments plus petits.

EXEMPLE L'électron, auquel on ne connaît pour l'instant aucun constituant.

▶ Lors d'une réaction nucléaire, des rayonnements α, β^-, β^+ et γ, associées à des particules, sont émis.

EXEMPLE ${}^{137}_{55}Cs \rightarrow {}^{0}_{-1}e^- + {}^{137}_{56}Ba^* + {}^{0}_{0}\overline{\nu}$ (rayonnement β^-) suivi de ${}^{137}_{56}Ba^* \rightarrow {}^{137}_{56}Ba + {}^{0}_{0}\gamma$ (rayonnement γ). ${}^{0}_{0}\overline{\nu}$ est un antineutrino

Rayonnement	Particule associée				
Nom	Nom	Symbole	Nature	Charge	Masse
α	Alpha	${}^{4}_{2}\alpha$	Composite	$+2e$	$6{,}6 \times 10^{-27}$ kg
β^-	Électron	${}^{0}_{-1}e$	Élémentaire	$-e$	$9{,}1 \times 10^{-31}$ kg
β^+	Positon	${}^{0}_{1}e$	Élémentaire	$+e$	$9{,}1 \times 10^{-31}$ kg
γ	Photon	${}^{0}_{0}\gamma$	Élémentaire	0	0

e est la charge électrique élémentaire : $e = 1{,}602\ 10 \times 10^{-19}$ C.

2 Exemples de détecteurs d'ondes et de particules

▶ Dans un détecteur de particules, l'arrivée d'une particule entraîne la production d'électron(s) qui donne(nt) naissance, dans un système multiplicateur, à d'autres électrons que l'on « récupère ». Leur circulation dans un fil est un courant électrique, correspondant à un signal électronique.

EXEMPLE Dans un détecteur à ionisation, une particule crée un ion en arrachant un électron à un ou des atomes constituant la matière qu'elle traverse.

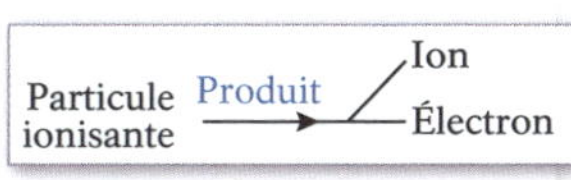

Une onde E.M. (→ FICHE 5) peut, par effet photoélectrique (→ FICHE 11), produire des électrons dont la circulation dans un fil électrique constitue le signal qui informe du passage de l'onde.

MÉTHODES

Comprendre les symboles d'une particule

1. Quelle est la particule émise dans le rayonnement β^- ? Justifier les chiffres 0 et 1 figurant dans le symbole.
2. Quelle est la particule émise dans le rayonnement γ ? Justifier les deux chiffres 0 figurant dans le symbole.

Conseils

Se rappeler ce que signifient A et Z dans le symbole d'un noyau ${}^{A}_{Z}X$.

Solution

1. La particule β^- est un électron qui ne contient donc pas de nucléons : $A = 0$. Sa charge est $-1{,}6 \times 10^{-19}\,\text{C} = -e$ donc $Z = -1$. Symbole : ${}^{\;0}_{-1}\text{e}$.
2. La particule émise lors du rayonnement γ est un photon. Cette particule n'a pas de charge ($Z = 0$) et ne contient aucun nucléon ($A = 0$). Symbole : ${}^{0}_{0}\gamma$.

Exploiter des informations sur un détecteur

Dans l'accélérateur européen du CERN, des collisions à très haute énergie donnent naissance à des particules. En 1992, Georges Charpak, chercheur français, a reçu le prix Nobel pour l'invention d'un détecteur de particules : les « chambres à fils ». Voici le principe du dispositif : dans ces chambres, des fils sont tendus en un maillage serré ; ils sont reliés à des bornes positives ; tout électron présent est attiré et capté par le fil le plus proche.
1. Quel est le signal reçu par l'ordinateur qui exploite les données ?
2. Quelle information retire-t-il des détections ?

Solution

1. Les électrons captés créent des courants dans ces fils.
2. L'ordinateur sait quels fils ont été touchés par un électron et peut retracer le trajet d'une particule ionisante qui a créé des électrons sur son passage dans la chambre.

? Quiz express

Cochez la ou les bonnes réponses.

14

Dualité onde-particule

Données : $p = mv$ (→ FICHE 14) ; $h = 6{,}6 \times 10^{-34}$ J · s ; $\lambda = \frac{h}{p}$; $f = \frac{c}{\lambda}$; $c = 3{,}00 \times 10^{8}$ m · s^{-1} ; 1 eV = $1{,}6 \times 10^{-19}$ J.

1 Le diagramme énergétique de l'atome d'hydrogène $^1_1$H

$E_1 = -13{,}6$ eV ; $E_2 = -3{,}4$ eV ; $E_3 = -1{,}51$ eV

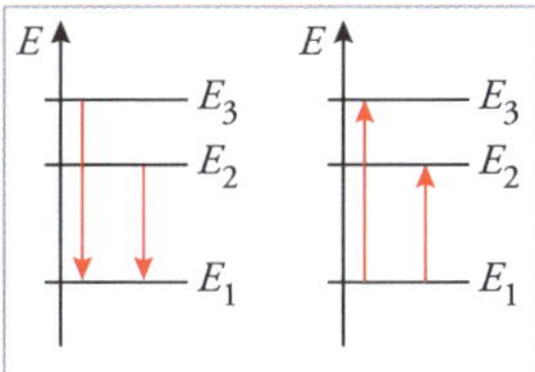

Fig. 1 Fig. 2

☐ **a.** Cet atome est composé d'un proton et deux électrons.

☐ **b.** Le diagramme de la figure 2 représente deux excitations simultannées.

☐ **c.** Sur le diagramme de la figure 1, l'une des flèches représente l'énergie d'un photon de longueur d'onde associée $\lambda = 1{,}22 \times 10^{-7}$ m.

2 Votre caractère ondulatoire peut-il être mis en évidence ?

Vous (la particule !) courez. Votre vitesse est de 10 m · s^{-1}. Votre masse est de 75 kg. Votre caractère ondulatoire se manifeste-t-il ? (un calcul est nécessaire).

☐ **a.** Non parce qu'il n'existe rien qui soit aussi petit que ma longueur d'onde.

☐ **b.** Oui, mais comme tout le monde, j'y suis habitué, donc je n'ai pas conscience des phénomènes.

3 Le détecteur à scintillation

Dans un détecteur à scintillation :

☐ **a.** les photons créent de la lumière (scintillation) qui est absorbée par les électrons. Ceux-ci ne circulent plus dans les fils et la baisse de courant est le signal de détection

☐ **b.** une particule chargée excite certains atomes qui constituent le cristal scintillateur. Ils émettent un photon (scintillation) qui va induire par effet photoélectrique la production d'électrons. La circulation de courant dans les fils signale la particule

Corrigés

Score : … / 3

1 Le diagramme énergétique de l'atome d'hydrogène ^1_1H

Fiche 11

a. Faux. Cet atome est composé d'un proton ($Z = 1$) et d'un électron (pour respecter la neutralité de l'atome).

b. Faux. Le diagramme 2 représente bien des absorptions : les flèches sont vers le haut lorsque l'atome, passant de – 13,6 eV à – 3,4 eV ou de – 13,6 eV à – 1,51 eV, gagne de l'énergie. Cependant, l'atome n'a qu'un seul électron. Les deux absorptions ne peuvent être simultanées : l'atome absorbe soit l'énergie ($E_3 - E_1$) soit l'énergie ($E_2 - E_1$). Il n'absorbe qu'un seul photon à la fois.

Remarque : l'atome pourrait absorber ($E_2 - E_1$) puis ($E_3 - E_2$) mais cette situation n'est pas représentée sur les diagrammes proposés.

c. Vrai. On calcule $\lambda_{3-1} = \dfrac{hc}{E_3 - E_1}$ et $\lambda_{2-1} = \dfrac{hc}{E_2 - E_1}$.

Attention, l'énergie doit être en joules et non en eV.

$$\lambda_{3-1} = \frac{6{,}6 \times 10^{-34} \times 3{,}00 \times 10^{8}}{(-1{,}51 + 13{,}6) \times 1{,}6 \times 10^{-19}} = 1{,}03 \times 10^{-7}\ \text{m}$$

$$\lambda_{2-1} = \frac{6{,}6 \times 10^{-34} \times 3{,}00 \times 10^{8}}{(-3{,}4 + 13{,}6) \times 1{,}6 \times 10^{-19}} = 1{,}22 \times 10^{-7}\ \text{m}.$$

2 Votre caractère ondulatoire peut-il être mis en évidence ?

Fiche 12

Réponse a. On calcule

$\lambda = \dfrac{h}{p} = \dfrac{h}{mv} = \dfrac{6{,}6 \times 10^{-34}}{750} = 8{,}8 \times 10^{-36}$ m. Aucun objet n'est aussi petit et n'est donc susceptible de diffracter une telle onde (taille d'un quark, constituant des nucléons, estimée à 10^{-18} m).

3 Le détecteur à scintillation

Fiche 13

a. Faux. Il est exact qu'on peut ralentir des atomes avec des faisceaux laser, mais pas pour faire diminuer une intensité.

b. Vrai.

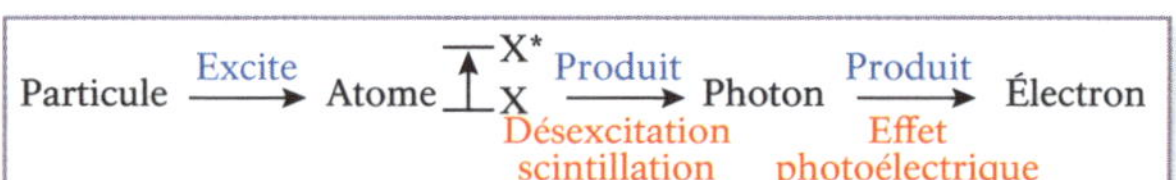

Étudier un mouvement

15

? QUIZ p. 45

RAPPELS DE COURS

1 Référentiel d'espace et de temps

▶ Un mouvement est **relatif**, il dépend du référentiel de l'observateur. À un référentiel, on associe un repère. Voici quelques exemples :
– **référentiel terrestre**, celui du laboratoire ;
– **référentiel géocentrique** ou **héliocentrique** (repères d'origine le centre de la Terre ou du Soleil) ; axes pointant vers des étoiles fixes.

▶ Dans le cadre de la mécanique classique, le temps est **invariant** : il s'écoule de la même façon dans tous les référentiels.

2 Étude des mouvements

▶ Avant tout étude, il faut définir le {système} et préciser le référentiel.

▶ Il faut ensuite lister les forces extérieures (→ FICHE 17). Une **force extérieure** peut modifier le **mouvement** (la **trajectoire** et/ou la **vitesse**) d'un système. Réciproquement, un système dont la trajectoire et/ou la vitesse est modifiée est soumis à au moins une force extérieure au système.

▶ On peut alors déterminer les grandeurs cinématiques :
– la position (coordonnées en m) ;
– la **vitesse** (unité : $m \cdot s^{-1}$) ;
– l'**accélération** (unité : $m \cdot s^{-2}$).
Mathématiquement, vitesse et accélération s'obtiennent par dérivation (→ FICHE 16).

$$[\text{vitesse}] = \frac{[\text{longueur}]}{[\text{temps}]}$$

$$[\text{accélération}] = \frac{[\text{longueur}]}{[\text{temps}]^2}$$

3 Quelques mouvements particuliers

Nom	Valeur de la vitesse	Valeur de l'accélération
Rectiligne uniforme	Constante	Nulle
Rectiligne uniformément varié	Fonction affine du temps	Constante
Circulaire uniforme	Constante	Constante

Définir un référentiel

Sabrina, Mehdi et Léo habitent à Paris. Ils sont assis en classe ; Mehdi dit que Léo est immobile. Sabrina dit que Léo est animé d'une vitesse de plus de 1 000 km · h^{-1}. Qui a raison ?
Données : Rayon de la Terre : $R_T = 6\,400$ km ; latitude de Paris : 48°.

CONSEILS

Rechercher dans quels référentiels se placent Sabrina et Mehdi.

SOLUTION

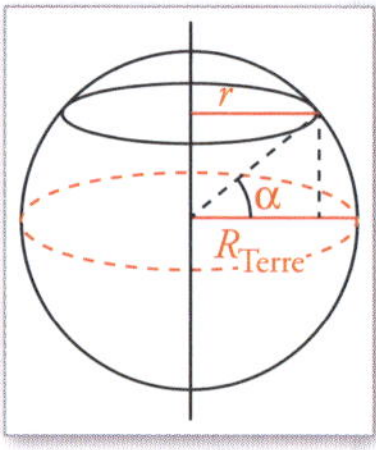

Le mouvement est relatif : dans le référentiel terrestre (ici la classe) Léo est immobile. Dans le référentiel géocentrique, il décrit un cercle de rayon $r = R_{\text{Terre}} \cos\alpha$ en 24 h. Sa vitesse est

$$v = \frac{2\pi \times 6\,400}{24} \times \cos 48 = 1{,}1 \times 10^3 \text{ km} \cdot \text{s}^{-1}$$

(plus de 1 000 km · h^{-1}).
Sabrina et Mehdi ont tous les deux raison… à condition qu'ils précisent le référentiel qu'ils choisissent avant de formuler leur affirmation.

Définir un système et déterminer les forces

Deux patineuses identiques sont immobiles dans la situation 1. Dans la situation 2 elles se repoussent l'une l'autre pour partir en sens inverse dans le référentiel de la patinoire.

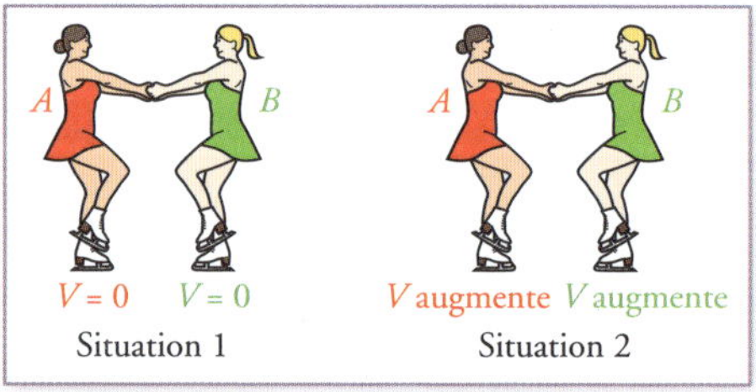

Le système {A + B} est isolé. Expliquer l'augmentation de vitesse de B.

SOLUTION

B est soumis à trois forces extérieures : son poids, compensé par la réaction de la glace $\vec{R}$ (→ FICHE 17) et la force que A exerce sur B et qui est à l'origine de l'augmentation de vitesse de B.

Décrire un mouvement

16

QUIZ p. 45

RAPPELS DE COURS

1 Mouvement d'un point

On se place dans le repère $(O\,;\vec{i},\ \vec{j},\ \vec{k})$.

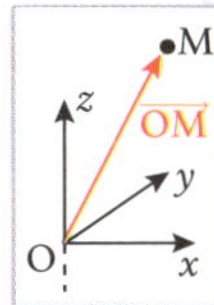

- Vecteur position : $\overrightarrow{OM} = x\vec{i} + y\vec{j} + z\vec{k}$.
- Vecteur vitesse, tangent à la trajectoire :

$$\vec{v} = \lim_{\Delta t \to 0} \frac{\Delta\overrightarrow{OM}}{\Delta t} = \frac{d\overrightarrow{OM}}{dt} = v_x\vec{i} + v_y\vec{j} + v_z\vec{k}$$

où $v_x = \dfrac{dx}{dt}$; $v_y = \dfrac{dy}{dt}$; $v_z = \dfrac{dz}{dt}$.

$\dfrac{d\overrightarrow{OM}}{dt}$ se lit : « dérivée du vecteur $\overrightarrow{OM}$ par rapport au temps ».

- Vecteur accélération :

$$\vec{a} = \lim_{\Delta t \to 0} \frac{\Delta\vec{v}}{\Delta t} = \frac{d\vec{v}}{dt} = \frac{d^2\overrightarrow{OM}}{dt^2} = a_x\vec{i} + a_y\vec{j} + a_z\vec{k}$$

où $a_x = \dfrac{dv_x}{dt}$; $a_y = \dfrac{dv_y}{dt}$; $a_z = \dfrac{dv_z}{dt}$.

$a_x = \dfrac{dv_x}{dt} = \dfrac{d^2x}{dt^2}$ dérivée seconde de $x(t)$ par rapport au temps, etc.

2 Mouvements particuliers

- **Mouvement uniforme** : la valeur de la vitesse est constante, le vecteur vitesse ne l'est pas forcément.
- **Mouvement uniformément varié** : la valeur de l'accélération est constante, le vecteur accélération ne l'est pas forcément.
- **Mouvement circulaire** de rayon R : dans le repère mobile de Frénet (voir le schéma) on a $\vec{v} = v \cdot \vec{t}$ et $\vec{a} = \dfrac{dv}{dt}\vec{t} + \dfrac{v^2}{R}\vec{n}$.

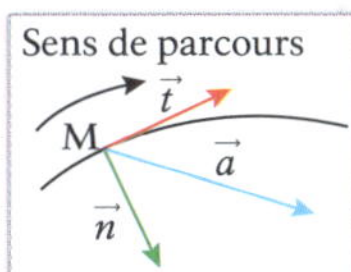

Pour un mouvement circulaire uniforme, $\dfrac{dv}{dt} = 0$,

donc l'accélération est normale au cercle et vaut $\dfrac{v^2}{R}$.

MÉTHODES

Distinguer vitesse et vecteur vitesse

Yann pense qu'au cours d'un mouvement circulaire uniforme le vecteur vitesse est constant. A-t-il raison ?

CONSEILS

Se rappeler qu'un vecteur constant conserve même direction, même sens et même valeur.

SOLUTION

Un mouvement est uniforme si la valeur de la vitesse ne change pas au cours du temps. Dans un mouvement circulaire uniforme le vecteur-vitesse garde la même longueur (mouvement uniforme) mais il n'est pas constant car il pointe successivement dans toutes les directions du plan au cours du mouvement. Yann a tort.

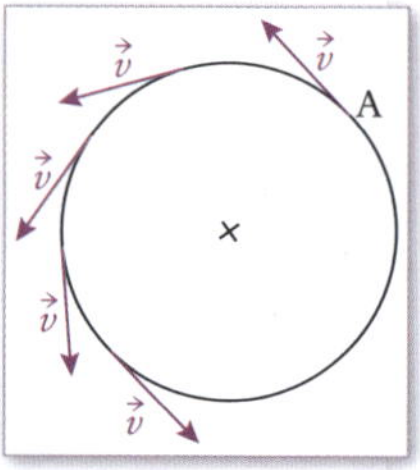

Distinguer vitesse constante et accélération nulle

Léa pense qu'au cours d'un mouvement circulaire uniforme, l'accélération est nulle car la vitesse est constante. A-t-elle raison ?

SOLUTION

Dans le mouvement circulaire uniforme, la vitesse est constante donc $\frac{\mathrm{d}v}{\mathrm{d}t} = 0$ et l'accélération tangentielle est nulle mais l'accélération normale n'est pas nulle. Le vecteur accélération est perpendiculaire au cercle, sa valeur est de $\frac{v^2}{R}$. Léa a tort.

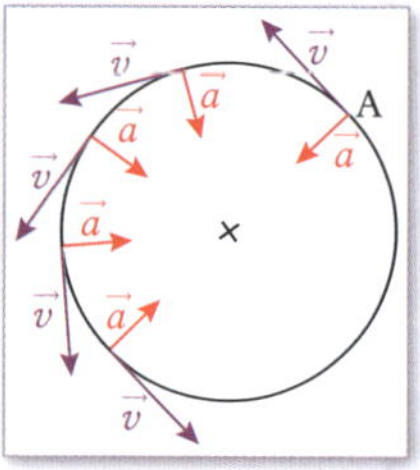

Calculer les expressions de la vitesse et de l'accélération

Voici les coordonnées horaires d'un point dans le plan (O*xy*) : $x(t) = 1/2gt^2 + a$ et $y(t) = v_0 t + b$ où v_0 est la vitesse initiale. Déterminer les coordonnées des vecteurs vitesse et accélération.

SOLUTION

$$v_x = \frac{\mathrm{d}x}{\mathrm{d}t} = \frac{1}{2} \times 2g \times t + 0 = gt \; ; \; v_y = \frac{\mathrm{d}y}{\mathrm{d}t} = v_0 + 0 = v_0$$

$$a_x = \frac{\mathrm{d}v_x}{\mathrm{d}t} = g \; ; \; a_y = 0.$$

Modéliser une force

17

QUIZ p. 45

RAPPELS DE COURS

1 Définition d'une force

▶ Deux systèmes sont en **interaction** lorsqu'ils exercent une **action** l'un sur l'autre. Cette action est modélisée par une force.

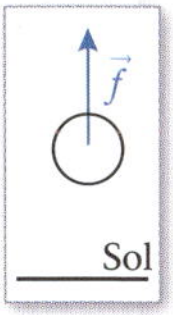

▶ On distingue différents types de forces : force de **contact** et force à **distance** ; force **répartie** et force **localisée**, etc.

▶ On définit le vecteur force par :
– son **point d'application** (pour le poids : le centre de gravité) ;
– sa **direction** et son **sens** (pour le poids : vertical descendant) ;
– sa **valeur**, en newtons (pour le poids d'une pomme de 100 g : $P = mg = 1{,}0$ N).

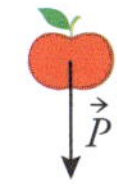

Vecteur « poids de la pomme »

2 Exemples de force

A Force exercée par un support (réaction du support)

Il est d'usage de la décomposer selon deux directions en : $\vec{f}$ (frottement), parallèle au support et $\overrightarrow{R_N}$ (réaction normale), perpendiculaire au support.

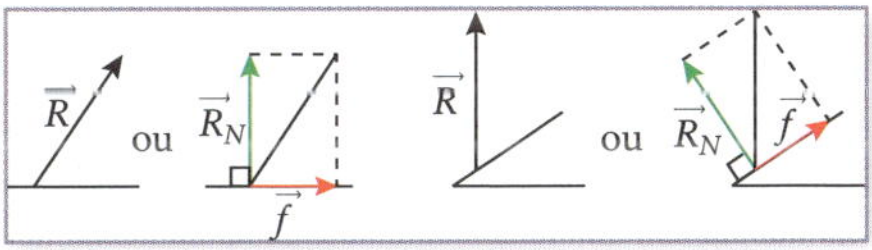

B Poussée d'Archimède

Un corps complètement ou partiellement immergé dans un fluide de masse volumique ρ subit une poussée ascendante qui s'exerce au centre de gravité de la partie immergée. Sa valeur est :

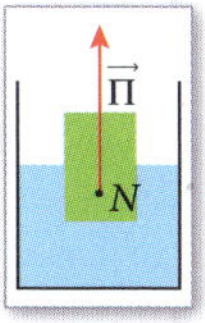

$$\Pi = \rho V g$$

ρ en $kg \cdot m^{-3}$
V, volume immergé en m^3
g, intensité de la pesanteur en $N \cdot kg^{-1}$

MÉTHODES

Représenter une force

Une moto ralentit pour s'arrêter. On suppose que l'ensemble des actions qu'elle subit peut être modélisé par trois forces extérieures. Représenter ces forces (la moto sera supposée ponctuelle).

CONSEILS

Définir le système et le référentiel puis rechercher avec quels corps la moto est en interaction. Noter que la force exercée par les freins est une force intérieure.

SOLUTION

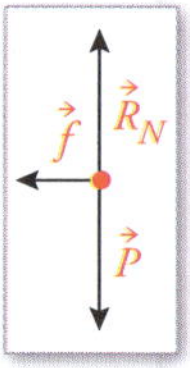

Le système {moto} est étudié dans le référentiel terrestre. Il est en interaction avec la Terre (poids $\vec{P}$) et le sol (réaction du support $\vec{R}$). Pour modéliser les actions avec trois forces, il faut subdiviser la seconde en frottements $\vec{f}$ et réaction normale $\overrightarrow{R_N}$. $\overrightarrow{R_N}$ et $\vec{P}$ ont la même longueur car les deux forces se compensent. On oriente $\vec{f}$ dans le sens opposé au mouvement (freinage). Les forces ne se compensent pas puisque le mouvement est ralenti, donc modifié (→ FICHE 15).

Calculer la valeur d'une force

Un skieur de masse $m = 75$ kg est arrêté sur une piste inclinée de 20° par rapport à l'horizontale. Déterminer la valeur f des frottements de la neige sur les skis.

Données : $g = 10\ \text{N} \cdot \text{kg}^{-1}$; cos 20° = 0,94 ; sin 20° = 0,34.

SOLUTION

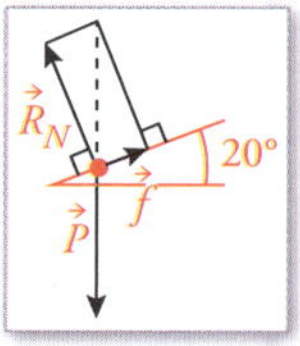

Le système {skieur} est étudié dans le référentiel terrestre. Son mouvement (ici l'état de repos) n'est pas modifié donc il est soumis à des forces qui se compensent. Il est en interaction avec la Terre (poids $\vec{P}$) et le sol (réaction du support $\vec{R}$). On a $R = P = mg$.

Pour calculer f il faut ici encore décomposer $\vec{R}$ en $\vec{f}$ et $\overrightarrow{R_N}$. $\vec{f}$ est la projection orthogonale de $\vec{R}$ sur la pente.

$$f = R\sin 20 = P\sin 20 = mg\sin 20 = 75 \times 10 \times 0{,}34 = 255\ \text{N}.$$

Caractériser un champ

18

QUIZ p. 45

RAPPELS DE COURS

1 Champs électrostatique et gravitationnel

Un **champ** correspond à une propriété locale de l'espace. Le champ peut être scalaire (champ de température) ou vectoriel.

▶ **Champ de pesanteur** $\vec{g}$ créé en M par l'astre A de masse M_A :

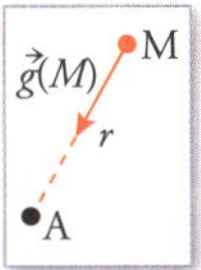

$$g = G\frac{M_{astre}}{r}$$

G, constante de gravitation universelle ($G = 6{,}67 \times 10^{-11}$ SI)
r en m ; M_A en kg ; g en $m \cdot s^{-2}$ (ou $N \cdot kg^{-1}$)

▶ **Champ électrique** $\vec{E}$ créé en M par la charge q :

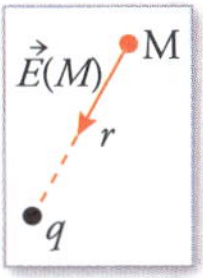

$$E = \frac{1}{4\pi\varepsilon_0}\frac{q}{r^2} = \frac{kq}{r^2}$$

$\frac{1}{4\pi\varepsilon_0} = k = 9 \times 10^9$ SI
r en m ; q en C
E en $V \cdot m^{-1}$ (ou $N \cdot C^{-1}$)

2 Champs uniformes

▶ Un champ est **uniforme** lorsqu'il est identique en tout point de l'espace.

▶ $\vec{g}$ est uniforme $\left(g = 9{,}8 \ m \cdot s^{-2}\right)$ au voisinage du sol.

▶ Le champ électrique est considéré comme uniforme entre deux plaques chargées. Il est perpendiculaire aux plaques, dirigé de la plaque positive vers la plaque négative.

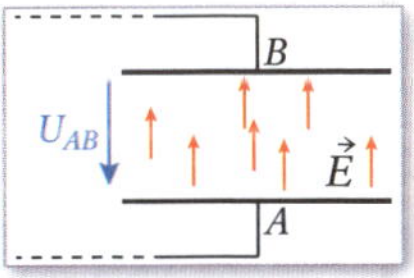

$$E = \frac{U_{AB}}{d}$$

E en $V \cdot m^{-1}$
U_{AB}, tension entre A et B en V
d, distance entre A et B en m

3 Forces associées à un champ

Une force est associée à un champ.

▶ La force de gravitation (ou de pesanteur) exercée sur une masse m placée en M dans un champ de pesanteur est : $\vec{F}_{astre/masse} = m\vec{g}$.
Sens : vertical descendant.

▶ La force électrique exercée sur une charge q placée en M dans un champ électrique est : $\vec{F} = q\vec{E}(M)$. L'orientation de la force dépend du signe de q.

MÉTHODE

Données : $g = 9{,}8\ \text{m} \cdot \text{s}^{-2}$; $m_{\text{électron}} = 9{,}1 \times 10^{-31}\ \text{kg}$; $m_{\text{proton}} = 1{,}66 \times 10^{-27}\ \text{kg}$; $e = 1{,}6 \times 10^{-19}\ \text{C}$

Comparer force électrique et force gravitationnelle

Un électron traverse l'espace situé entre deux plaques parallèles séparées par la distance $d = 3$ cm et soumises à une différence de potentiel $U = 100$ V. Peut-on négliger l'action du poids ?

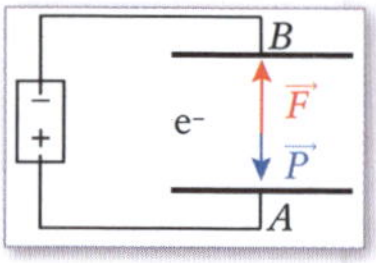

CONSEILS

Montrer qu'une grandeur est négligeable, c'est montrer qu'elle est beaucoup plus petite qu'une autre. Devant quelle autre force le poids peut-il être négligé ?

SOLUTION

Dans le référentiel du laboratoire, l'électron est soumis à deux forces : son poids et la force électrique (parfois appelée dans ce cas « force électrostatique » car elle est créée par des charges fixes). Pour savoir si une force est négligeable devant l'autre, il faut les calculer et effectuer leur rapport.

Calcul du poids de l'électron :

$P = mg = 9{,}1 \times 10^{-31} \times 9{,}8 = 8{,}9 \times 10^{-30}\ \text{N}$.

Calcul de la force électrique subie par l'électron : $F = qE$ avec $E = \dfrac{U}{d}$ donc :

$$F = qE = \frac{qU}{d} = \frac{1{,}6 \times 10^{-19} \times 100}{0{,}03} = 5{,}3 \times 10^{-16}\ \text{N}.$$

Comparons ces deux forces : $\dfrac{F}{P} = 6{,}0 \times 10^{13}$. La force électrique est 60 000 milliards de fois plus intense que le poids ! Le poids est donc négligeable.

Définir la quantité de mouvement 19

QUIZ p. 45

RAPPELS DE COURS

1 Vecteur quantité de mouvement

▶ Le vecteur quantité de mouvement $\vec{p}$ (minuscule) d'un objet ponctuel est le produit de la masse de ce corps par son vecteur-vitesse :

$$\vec{p} = m\vec{v}$$
$$\vec{p} = mv_x\vec{i} + mv_x\vec{j} + mv_x\vec{k}$$

p en $kg \cdot m \cdot s^{-1}$
m en kg
v en $m \cdot s^{-1}$

La quantité de mouvement d'un corps constitué de l'association de deux corps A et B est : $\vec{p} = \vec{p}_A + \vec{p}_B$.

▶ La quantité de mouvement associée à une onde de longueur d'onde λ est définie par : (→ FICHE 12)

$$p = \frac{h}{\lambda}$$

λ en m
p en $kg \cdot m \cdot s^{-1}$
$h = 6{,}6 \times 10^{-34}\ J \cdot s$

2 Conservation de la quantité de mouvement

▶ Un système est **isolé** quand il n'est soumis à aucune action extérieure. C'est impossible sur Terre, où l'on ne peut s'affranchir du poids. On parle alors de système **pseudo isolé** dont les forces extérieures se compensent : $\sum \vec{F}_{ext} = \vec{0}$.

▶ La quantité de mouvement d'un système pseudo isolé **se conserve.** Cela signifie que son vecteur quantité de mouvement est constant. Ce principe de conservation est contenu dans la 2ᵉ loi de Newton (→ FICHE 20).

EXEMPLE Un chariot sur lequel est fixé un ballon de baudruche gonflé d'air. Système : {air contenu dans le ballon + ballon + chariot}. Si on néglige les frottements, le système est pseudo isolé et $\vec{p}$ reste constante au cours du mouvement.

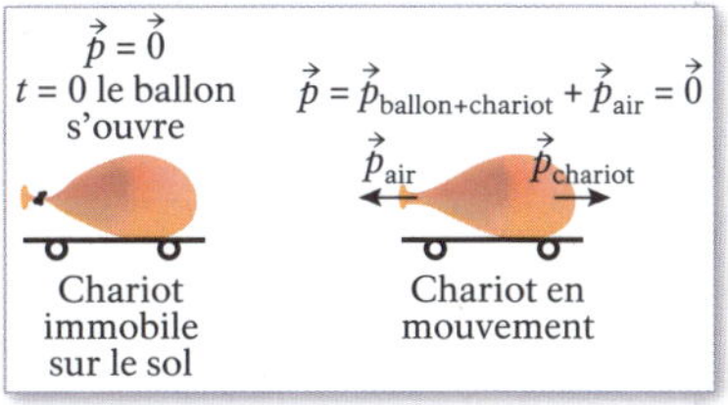

– À $t = 0$: $\vec{p} = \vec{p}_{air} + \vec{p}_{ballon+chariot} = \vec{0}$ car $\vec{v} = \vec{0}$.
– À un instant $t > 0$: $\vec{p} = \vec{p}_{air} + \vec{p}_{ballon+chariot} = \vec{0}$.
Le chariot part dans un sens opposé à l'air qui s'échappe. On parle de propulsion par réaction.

MÉTHODE

Comprendre la propulsion par réaction

Deux patineuses, initialement immobiles se repoussent l'une l'autre et partent en sens inverse. (→ FICHE 15).

1. Le système {R + V} est-il pseudo isolé ?
2. Calculer la vitesse v_V de la patineuse V.
Données : $m_R = 50$ kg ; $m_V = 60$ kg ;
à $t = 0$ s : $v_{0R} = v_{0V} = 0$; à $t > 0$ s : $v_R = 6 \text{ m} \cdot \text{s}^{-1}$.

CONSEILS

1. Partir de la définition du système pseudo isolé
2. Écrire la conservation de $\vec{p}$ et projeter les vecteurs.

SOLUTION

1. Le système {R + V} est pseudo isolé car le poids des patineuses et la réaction de la glace se compensent.
2. La quantité de mouvement de {R + V} reste donc constante au cours du temps : elle est identique à $t > 0$ s et à $t = 0$ s.
À $t = 0$: $\vec{p} = \vec{p}_R + \vec{p}_V = m_R\vec{v}_R + m_V\vec{v}_V = \vec{0}$ car $v_{0R} = v_{0V} = 0$;
À un instant $t > 0$: $\vec{p} = \vec{p}_R + \vec{p}_V = \vec{0}$ donc $\vec{p}_R = -\vec{p}_V$ et $m_R v_R = m_V v_V$.
Donc $v_V = \dfrac{m_R v_R}{m_V} = \dfrac{50 \times 6}{60} = 5 \text{ m} \cdot \text{s}^{-1}$. La patineuse verte dont la masse est la plus élevée part avec la vitesse la plus faible.

Appliquer les lois de Newton

20

QUIZ p. 45

RAPPELS DE COURS

1 Les lois de Newton

A Première loi : principe d'inertie

Il existe des référentiels appelés référentiels galiléens dans lesquels la quantité de mouvement $\vec{p}$ d'un système isolé (→ FICHE 19) se conserve. Cette loi peut être traduite par : $\vec{p} = \overrightarrow{C^{te}} \Leftrightarrow \sum \vec{F}_{ext} = \vec{0}$.

Un tel système est en mouvement rectiligne uniforme (dont un cas particulier est l'immobilité : vitesse nulle).

B Deuxième loi

Elle est la traduction mathématique du lien qualitatif entre la somme des forces s'exerçant sur un système de masse m et la variation de son vecteur quantité de mouvement : $\sum \vec{F}_{ext} = \frac{\mathrm{d}\vec{p}}{\mathrm{d}t}$.

Pour un système de masse constante, cette loi s'écrit : $\sum \vec{F}_{ext} = m\vec{a}_{B/A}$.

C Troisième loi : principe des actions réciproques

Que deux corps A et B soient au repos ou animés d'un mouvement, la force exercée par A sur B est opposée à la force exercée par B sur A : $\vec{F}_{A/B} = -\vec{F}_{B/A}$.

Cette loi permet une interprétation de la propulsion par réaction. (→ FICHE 19).

2 Appliquer les lois de Newton

- Définir le référentiel, préciser les repères d'espace (origine O, axes Ox, Oy, Oz ; base de Frénet, etc.) et de temps (origine des temps) (→ FICHE 15).
- Définir le {système}.
- Inventorier les forces extérieures appliquées au système (nom de la force, point d'application, valeur, direction et sens). Pour cela, identifier tous les objets qui interagissent avec le système (→ FICHE 17).
- Énoncer la loi qui va permettre d'interpréter le mouvement.

S'approprier les lois de Newton

Montrer que la 3e loi de Newton se retrouve à partir de la 2e loi.

CONSEILS

S'intéresser successivement aux systèmes {A}, {B} et {A + B}.

SOLUTION

{A} n'est soumis qu'à la force que B exerce sur lui ; {B} n'est soumis qu'à la force que A exerce sur lui ; {A + B} est pseudo-isolé. La 2e loi de Newton s'écrit :

pour le système {A} : $\frac{\mathrm{d}\vec{p}}{\mathrm{d}t} = \overrightarrow{F_{B/A}}$; pour le système {B} : $\frac{\mathrm{d}\vec{p}}{\mathrm{d}t} = \overrightarrow{F_{A/B}}$;

pour le système {A + B} :

$$\frac{\mathrm{d}\vec{p}}{\mathrm{d}t} = \frac{\mathrm{d}(\overrightarrow{p_A + p_B})}{\mathrm{d}t} = \frac{\mathrm{d}\overrightarrow{p_A}}{\mathrm{d}t} + \frac{\mathrm{d}\overrightarrow{p_B}}{\mathrm{d}t} = \overrightarrow{F_{B/A}} + \overrightarrow{F_{A/B}} ;$$

{A + B} est pseudo isolé donc $\frac{\mathrm{d}\vec{p}}{\mathrm{d}t} = \vec{0} = \overrightarrow{F_{B/A}} + \overrightarrow{F_{A/B}}$ donc $\overrightarrow{F_{B/A}} = -\overrightarrow{F_{A/B}}$.

Comprendre le rôle des forces de frottement

Une moto démarre. La roue motrice est la roue arrière.

1. Déterminer le sens de la force de frottement exercée par le sol sur la roue motrice.

2. Déterminer le sens de la force exercée par le sol sur la roue non motrice.

SOLUTION

1. La roue motrice propulse la moto. À son niveau, la force exercée par le sol doit donc être exercée vers l'avant (3e loi : la roue exerce sur le sol une force dirigée vers l'arrière, force qui peut éjecter des cailloux…).

2. La roue non motrice « frotte » sur le sol. À son niveau, la force exercée par le sol freine la moto ; elle est dirigée vers l'arrière.

REMARQUE La somme de ces deux forces est dirigée dans le sens du mouvement.

Quiz express

Cochez la ou les bonnes réponses.

21

Mouvements et forces

1 Le pointage vidéo

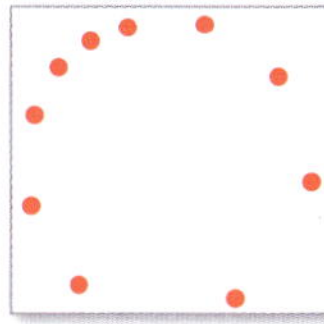

La figure ci-contre correspond à :

☐ **a.** un mouvement ralenti

☐ **b.** un mouvement circulaire non uniforme

2 Reconnaître les forces qui s'exercent sur un système

1	2	3

Virginie lance le ballon	Virginie a lancé le ballon	Rachida a attrapé le ballon

☐ **a.** Sur la figure 1, la vitesse du ballon augmente.

☐ **b.** Sur la figure 2, le ballon est soumis à des forces qui se compensent.

☐ **c.** Sur la figure 2, le ballon est soumis à son poids et à la force que Virginie a exercée sur lui.

☐ **d.** Sur la figure 3, le ballon est soumis à des forces qui se compensent.

3 Les équations horaires d'un mouvement

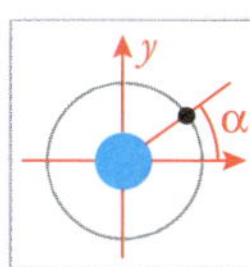

On donne les équations du mouvement d'un satellite autour de la Terre (voir schéma ci-contre) : $X(t) = R\cos(kt)$ et $Y(t) = R\sin(kt)$.

☐ **a.** Le paramètre est t.

☐ **b.** Les équations horaires d'un satellite donnent sa position une fois par heure.

☐ **c.** Sur le schéma, l'axe horizontal est l'axe du temps et l'on a tracé $Y(t)$.

☐ **d.** Les coordonnées du vecteur vitesse sont données par : $v_X = -Rk\sin(kt)$ et $v_Y = Rk\cos(kt)$.

Corrigés

Score : ... / 3

1 Le pointage vidéo

Fiche 15

a. Faux. On ne peut dire, si le mouvement est ralenti ou accéléré car on ne connaît pas le sens du mouvement ni le point de départ.
b. Vrai. Le mouvement de la figure b est circulaire mais les points ne sont pas régulièrement espacés, la vitesse n'est donc pas constante : le mouvement n'est pas uniforme.

2 Reconnaître les forces qui s'exercent sur un système

Fiches 15 et 17

a. Vrai. Virginie modifie le mouvement du ballon qui était au repos en le lançant, c'est-à-dire en augmentant sa vitesse.
b. et c. Faux. Le ballon n'est plus en contact avec Virginie, il n'est soumis qu'à son poids si on néglige l'action de l'air. Il n'est pas soumis à des forces qui se compensent : le poids va modifier le sens de la vitesse communiquée par Virginie car le ballon va tomber si Rachida n'est pas là pour le rattraper.
Remarque : la vitesse que lui a communiquée Virginie l'anime, mais la force ne s'exerce plus.
d. Vrai. Rachida a rattrapé le ballon qui est donc immobile dans ses mains : il est en état de repos et soumis à son poids et à la force exercée par Rachida, forces qui se compensent.

3 Les équations horaires d'un mouvement

Fiche 16

a. Vrai. Dans les équations du mouvement, le paramètre est t.
b. Faux. Les équations horaires donnent les coordonnées en fonction du temps (horaire = en fonction du temps) et pas seulement une fois toutes les heures.
c. Faux. Le schéma correspond à une photo prise à l'instant t : l'axe horizontal est l'axe des X.
d. Vrai. $(\sin x)' = \cos x$ et $(\cos x)' = -\sin x$.

Étudier un mouvement dans un champ de pesanteur uniforme

22

QUIZ p. 55

RAPPELS DE COURS

1 Conditions de l'étude

▶ Le champ de pesanteur (→ FICHE 18) est supposé **uniforme**. On néglige les frottements ; le poids $\vec{P}$ est la seule force extérieure.

▶ On étudie le mvouvement d'un projectile de masse m, dans le référentiel terrestre supposé **galiléen** (→ FICHE 20). À l'instant $t = 0$, le projectile est en O et sa vitesse est $\vec{v_0}$.

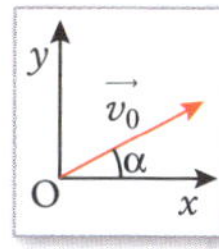

2 Équation horaire du mouvement

▶ Dans le référentiel terrestre : $\sum \vec{F} = \vec{P} = m\vec{g}$.
La deuxième loi de Newton s'écrit :

$$\sum \vec{F} = \frac{\mathrm{d}\vec{p}}{\mathrm{d}t} = m\vec{a} = m\vec{g} \text{ d'où } \vec{a} = \vec{g}\text{. Donc : } \left| \begin{array}{l} a_x = 0 \\ a_y = -g. \end{array} \right.$$

▶ À $t = 0$: $v_{0x} = v_0 \cos\alpha$; $v_{0y} = v_0 \sin\alpha$; $x(0) = 0$ et $y(0) = 0$.
Par intégrations successives, on trouve :

$$\left| \begin{array}{l} a_x = 0 \text{ donc } v_x = \text{C}^{\text{te}} = v_0 \cos\alpha \text{ et} \\ x = v_0 \cos\alpha \cdot t + 0 = v_0 \cos\alpha \cdot t\,; \\ a_y = -g \text{ donc } v_y = -gt + v_0 \sin\alpha \text{ et} \\ y = -\frac{1}{2} g t^2 + (v_0 \sin\alpha)t + 0 = -\frac{1}{2} g t^2 + (v_0 \sin\alpha)t. \end{array} \right.$$

3 Équation de la trajectoire

De l'équation horaire de x on tire :

$$t = \frac{x}{v_0 \cos\alpha}$$

En remplaçant dans l'équation horaire de y, il vient :

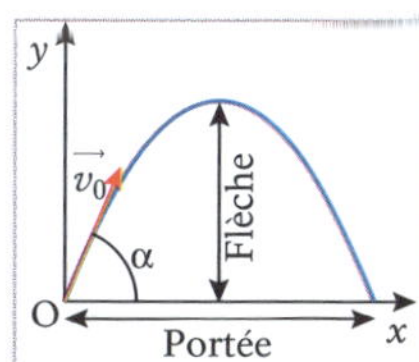

$$y = -\frac{1}{2} g \frac{x^2}{v_0^2 \cos^2\alpha} + x \tan\alpha$$ qui est l'équation d'une **parabole**.

Il faut savoir retrouver : flèche : $\dfrac{v_0^2 \sin^2\alpha}{2g}$; portée : $\dfrac{v_0^2 \sin 2\alpha}{g}$.

MÉTHODES

Utiliser les équations du mouvement

Avec les notations du schéma, quelle vitesse v_0 un golfeur doit-il donner à la balle pour atteindre un trou T situé à 425 m de lui ?
Données : $g = 10 \text{ m} \cdot \text{s}^{-2}$; $\alpha = 30°$.

CONSEILS

Utiliser une équation intégrant les données : v_0, α et les coordonnées du trou.

SOLUTION

Le trou T est au sol ($y_T = 0$) et a pour abscisse $x_T = 425$ m. On obtient :

$\frac{1}{2} g \frac{x_T^2}{v_0^2 \cos^2 \alpha} = x_T \tan\alpha = x_T \frac{\sin\alpha}{\cos\alpha}$, et après simplification par x_T et $\cos\alpha$: $\frac{g x_T}{v_0^2} = 2 \sin\alpha \cos\alpha$.

Or $2\cos\alpha \sin\alpha = \sin 2\alpha$. Donc $v_0^2 \sin 2\alpha = g x_T$ et finalement :

$$v_0 = \sqrt{\frac{g x_T}{\sin 2\alpha}} = \sqrt{\frac{10 \times 425}{\sin 60}} = 70 \text{ m} \cdot \text{s}^{-1} = 2{,}5 \times 10^2 \text{ km} \cdot \text{h}^{-1}.$$

Calculer la durée d'un « vol »

Avec une même vitesse initiale, on peut atteindre une cible d'abscisse x_C par un « tir en cloche » (α') ou par un « tir tendu » (α). Quelle est le « vol » le plus court ?

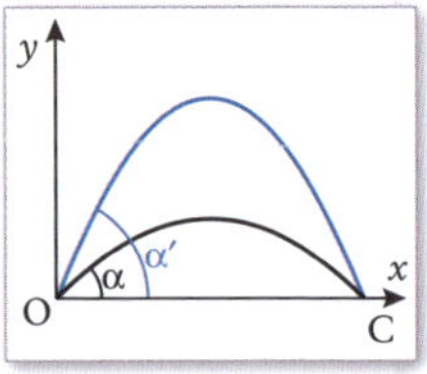

SOLUTION

$y_C = 0 = -\frac{1}{2} g t^2 + v_0 \sin\alpha t$ donc $t\left(-\frac{1}{2} g t + v_0 \sin\alpha\right) = 0$ soit $t = 0$ ou $t = \frac{2 v_0 \sin\alpha}{g}$.

L'instant $t = 0$ n'est pas celui où la balle atteint C, mais celui où elle est en O. La cible est atteinte pour $t = \frac{2 v_0 \sin\alpha}{g}$. La fonction sinus est une fonction croissante sur $\left[0 ; \frac{\pi}{2}\right]$, la cible est atteinte plus rapidement dans un tir tendu. Dans les sports de raquette, il est plus difficile de renvoyer une balle reçue en tir tendu.

Étudier un mouvement dans un champ électrostatique uniforme

23

QUIZ p. 55

RAPPELS DE COURS

1 Conditions de l'étude

▶ On étudie, dans le référentiel terrestre (galiléen), le mouvement d'une particule de charge q et de masse m dans un champ électrostatique $\vec{E}$ uniforme (→ FICHE 18).

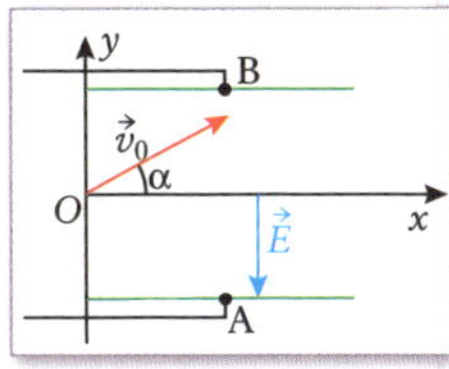

▶ Le poids de la particule est négligeable devant la force électrique (→ FICHE 18).

▶ À l'instant $t = 0$, la particule pénètre dans l'espace où règne le champ électrique $\vec{E}$ en O avec une vitesse $\vec{v}_0$ (voir schéma).

2 Équations horaires du mouvement de la particule

▶ La 2e loi de Newton s'écrit $\sum \vec{F} = m\vec{a} = q\vec{E}$. D'où $\vec{a} = \dfrac{q\vec{E}}{m}$.

▶ La valeur de a dépend de q et de m ; ce n'est pas le cas pour un mouvement dans le champ de pesanteur (→ FICHE 22).

▶ Le sens de l'accélération dépend du signe de la charge :

– si $q > 0$: $\vec{a}$ et $\vec{E}$ ont même direction et même sens ;

– si $q < 0$: $\vec{a}$ et $\vec{E}$ ont même direction mais sens opposés.

▶ En supposant $\vec{E}$ orienté vers les y négatifs et en tenant compte des conditions initiales, il vient :

$a_x = 0$	$v_x = v_0 \cos\alpha$	$x = v_0 \cos\alpha t$
$a_y = -\dfrac{qE}{m}$	$v_y = -\dfrac{qE}{m}t + v_0 \sin\alpha$	$y = -\dfrac{1}{2}\dfrac{qE}{m}t^2 + v_0 \sin\alpha t$

3 Équation de la trajectoire

La trajectoire est parabolique :

$$y = -\frac{1}{2}\frac{qE}{m}\frac{x^2}{v_0^2 \cos^2\alpha} + x\tan\alpha.$$

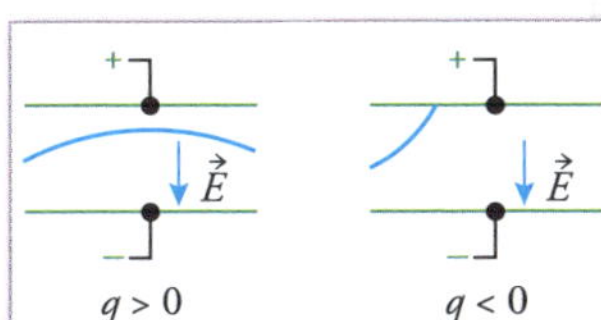

MÉTHODE

Décrire un mouvement de façon qualitative

On s'intéresse au cas où la vitesse initiale $\vec{v}_0$ est perpendiculaire à $\vec{E}$.

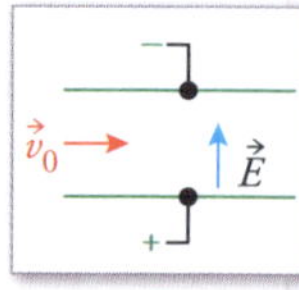

1. Écrire l'équation de la trajectoire.
2. Montrer que ce dispositif peut permettre dans un détecteur de séparer des particules en fonction de leur masse ou de leur charge.

CONSEILS

1. Rechercher la valeur de α qui correspond à la situation $\vec{v}_0 \perp \vec{E}$.
2. Rechercher l'influence de k sur la fonction $f(x) = kx^2$.

SOLUTION

1. La situation $\vec{v}_0 \perp \vec{E}$ correspond à $\alpha = 0$. Si $\vec{E}$ est orienté vers les y positifs, l'équation de la trajectoire est : $y = \frac{1}{2}\frac{qE}{m}\frac{x^2}{v_0^2} = kx^2$ où $k = \frac{1}{2}\frac{qE}{mv_0^2}$.

2. La trajectoire est une portion de parabole de sommet O, tournée vers les y positifs si q et donc k est positive et vers les y négatifs si q et donc k est négative.

L'accélération $a = \frac{qE}{m}$ est d'autant plus grande que la particule a une plus petite masse (m est au dénominateur) et/ou une plus grande charge (q est au numérateur). Les particules peuvent être détectées séparément en fonction de leur masse ou de leur charge (→ RABATS, IV).

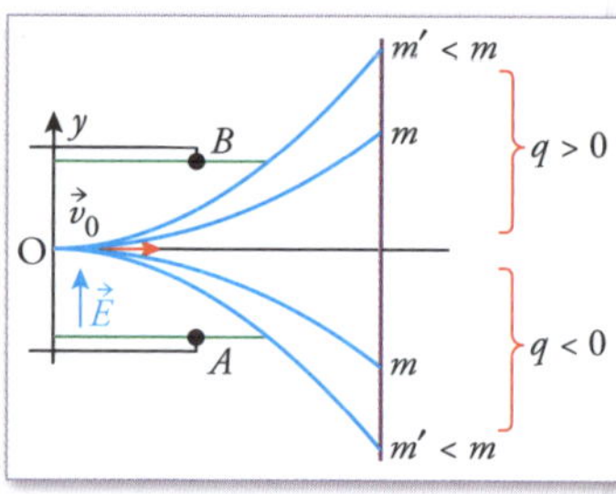

Décrire le mouvement des satellites et des planètes

24

QUIZ p. 55

RAPPELS DE COURS

1 Les lois de Kepler

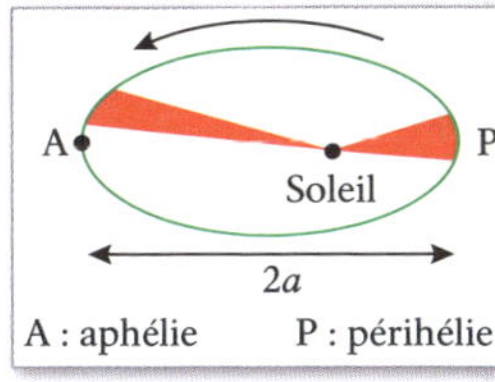

▶ Les planètes décrivent des ellipses dont le Soleil est un des foyers.

▶ Le segment qui joint le Soleil à une planète balaie des aires égales en des temps égaux.

▶ Si T est la période de révolution et a le demi-grand axe, le rapport $\frac{T^2}{a^3}$ est constant.

REMARQUES Ces lois sont empiriques ; elles ont été établies à partir des mesures astronomiques des prédécesseurs de Kepler. Elles sont généralisables au mouvement des satellites artificiels.

2 Approximation par des trajectoires circulaires

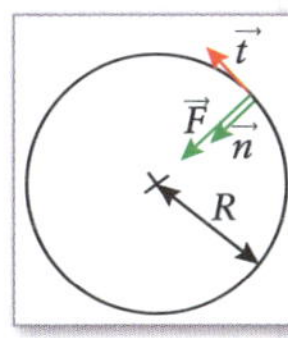

▶ La trajectoire des satellites artificiels autour de la Terre ou des planètes autour du Soleil est assimilée à un cercle de rayon R.

▶ Le satellite de masse m n'est soumis qu'à la force gravitationnelle (→ FICHE 18), exercée par l'astre de masse M_A le plus proche (Terre ou Soleil) :

$$\vec{F} = G\frac{M_A m}{R^2}\vec{n}.$$

Cette force est dirigée selon la normale à la trajectoire circulaire.

▶ La 2e loi de Newton (→ FICHE 20) s'écrit $\vec{F} = G\frac{M_A m}{R^2}\vec{n} = m\vec{a}$; dans le repère de Frénet (→ FICHE 16) on obtient :

– projection selon $\vec{t}$: $F_t = 0 = m\frac{dv}{dt}$, donc v est constante (dérivée nulle), le mouvement est uniforme ;

– projection selon $\vec{n}$: $F_n = \frac{GM_A m}{R^2} = m\frac{v^2}{R}$ donc $v = \sqrt{\frac{GM_A}{R}}$.

La vitesse ne dépend pas de la masse m du satellite.

MÉTHODES

Exploiter qualitativement une loi de Kepler

Montrer sans calcul que dans le cas d'une trajectoire circulaire la vitesse d'un satellite est constante.

CONSEILS

Utiliser la 2e loi de Kepler.

SOLUTION

La 2e loi dit : « Le segment qui joint le Soleil à une planète balaie des aires égales en des temps égaux ».

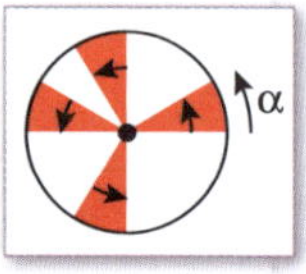

Dans le cas d'une trajectoire circulaire, le segment a une longeur constante : r. Quel que soit α, le satellite parcourt les arcs de cercle de longueur $R\alpha$ en des temps égaux : il est donc animé d'une vitesse constante.

Comparer des distances grâce à une loi de Kepler

Mars effectue un tour complet autour du Soleil en 687 jours. Comparer la distance Mars-Soleil à la distance Terre-Soleil.

SOLUTION

La 3e loi de Kepler s'écrit pour les deux planètes :

$$\frac{4\pi^2}{GM_s} = \frac{T^2_{\text{Terre}}}{d^3_{\text{Terre-Soleil}}} = \frac{T^2_{\text{Mars}}}{d^3_{\text{Mars-Soleil}}}, \text{ soit } d^3_{\text{M-S}} = \frac{T^2_{\text{Mars}}}{T^2_{\text{Soleil}}} d^3_{\text{T-S}} \text{ ou}$$

$$d_{\text{M-S}} = \left(\frac{T_{\text{Mars}}}{T_{\text{Terre}}}\right)^{2/3} d_{\text{T-S}} = \left(\frac{687}{365}\right)^{2/3} d_{\text{T-S}} = 1{,}52 d_{\text{T-S}}.$$

La distance Mars-Soleil vaut une fois et demie la distance Terre-Soleil.

Établir l'expression de la constante de la 3e loi de Kepler

Démontrer la relation $\frac{4\pi^2}{GM_s} = \frac{T^2}{R^3}$ pour les trajectoires circulaires.

SOLUTION

En une durée T, le satellite effectue un tour de périmètre $2\pi R$.

Donc $v = \frac{2\pi R}{T}$. Or $v = \sqrt{\frac{GM_s}{R}}$ donc $v^2 = \frac{4\pi^2 R^2}{T^2} = \frac{GM_s}{R}$ et

finalement : $\frac{4\pi^2}{GM_s} = \frac{T^2}{R^3}$.

Comprendre les oscillateurs mécaniques

25

QUIZ p. 55

RAPPELS DE COURS

1 Modèle du pendule simple idéal

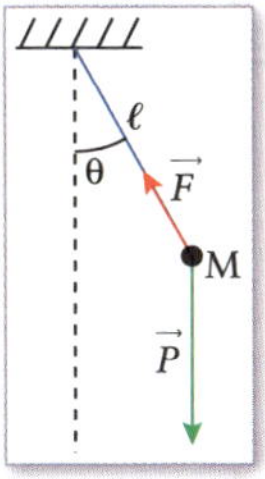

▶ Un pendule simple idéal est constitué d'un corps ponctuel de masse m, suspendu à un fil inextensible de longueur ℓ sans masse. Il oscille librement sous l'effet de son poids et de la force exercée par le fil. Sa période est notée T.

▶ On constate que T ne dépend pas de m et que T^2 est proportionnel à ℓ :

$$T = 2\pi\sqrt{\frac{\ell}{g}}$$

T en s ; ℓ en m
g en $N \cdot kg^{-1}$

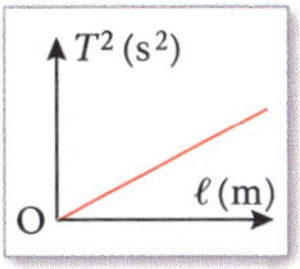

2 Dispositif solide-ressort horizontal

▶ Le dispositif est constitué d'un solide de masse m, accroché à un ressort de masse négligeable, de raideur k et de longueur au repos ℓ_0. Si on déplace la masse m d'une longueur x (on a alors $x = \ell - \ell_0$), elle subit une force de rappel de sens contraire au déplacement :

$$\vec{F} = -kx\vec{i}$$

F en N
k en $N \cdot m^{-1}$; x en m

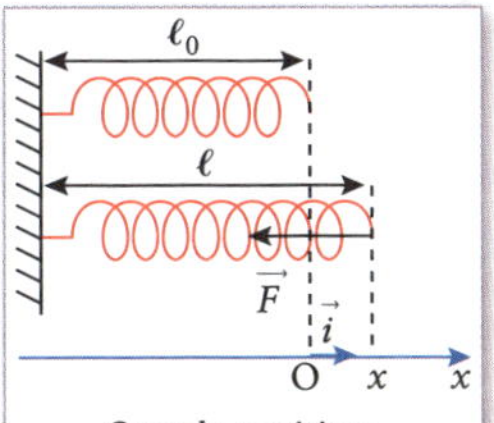

O est la position du solide au repos

▶ On néglige les frottements. Le poids et la réaction du support se compensent. La 2e loi de Newton s'écrit : $m\vec{a} = \vec{F} = -kx\vec{i}$.

Ou, par projection sur Ox (→ FICHE 16) : $m\frac{d^2x}{dt^2} + kx = 0$.

$x(t) = x_M \cos\left(\frac{2\pi}{T}t + \phi_0\right)$ vérifie l'équation ci-dessus avec $T = 2\pi\sqrt{\frac{m}{k}}$. x_m est l'allongement maximal (en m), φ_0 (sans dimension) dépend des conditions initiales et T est la période (en s).

MÉTHODES

Exploiter la formule de la période d'un pendule simple

Comment varie la période d'un pendule simple si :

1. on augmente la valeur de m ?
2. on divise la longueur du fil par 4 ?
3. on emporte le pendule sur la Lune ?

Conseils

Analyser la formule de la période en recherchant la variation engendrée par une modification de chaque paramètre.

Solution

1. Puisque m n'apparaît pas dans l'expression de T, c'est que T est indépendante de m. La période n'est pas modifiée si m augmente.
2. La période est proportionnelle à la racine carrée de L. Si L est divisée par 4, la période est divisée par la racine carrée de 4 c'est-à-dire par 2.
3. Sur la Lune, l'intensité de la pesanteur est plus faible que sur Terre. Comme g est au dénominateur de l'expression de T, la période T augmente.

Analyser une situation

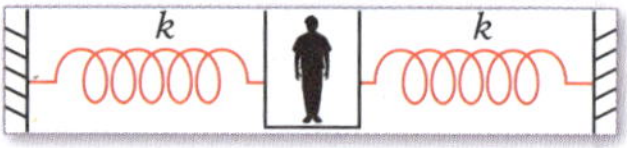

Un astronaute prend place dans une cabine reliée à deux ressorts de raideur k. Le dispositif équivaut à un système comprenant un seul ressort de raideur $2k$. Sa période d'oscillation est $T = 2\pi\sqrt{\frac{M}{2k}}$ où M est la somme des masses de la cabine et de l'astronaute.

Pourquoi ce système de pesée est-il astucieux ? Expliquer son principe.

Solution

Le système est astucieux car il permet une mesure de la masse sans mesurer le poids : g n'intervient pas. Dans un satellite, on ne ressent pas la gravitation car on est en chute libre avec l'habitacle (→ FICHE 24) : on ne peut donc du fait de son poids appuyer sur un pèse-personne. Le principe de ce dispositif est de mesurer précisément la période d'oscillation du système et d'en déduire la masse de l'astronaute $m = kT^2/2\pi$.

Quiz express

Cochez la ou les bonnes réponses.

26

Exemples de mouvements

1 *La schématisation de satellites en mouvement circulaire uniforme*

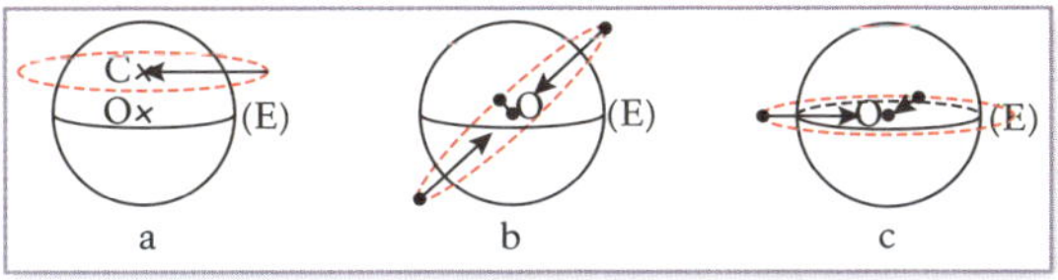

☐ **a.** Sur les trois schémas, la (les) flèche(s) peut(vent) représenter le poids du satellite.

☐ **b.** Sur les trois schémas, la (les) flèche(s) peut(vent) représenter l'accélération du satellite.

☐ **c.** Les trois schémas peuvent représenter un satellite.

2 *La trajectoire d'une particule chargée*

Le schéma qui représente la trajectoire d'une particule de charge positive dans le champ électrostatique uniforme $\vec{E}$ correspond à :

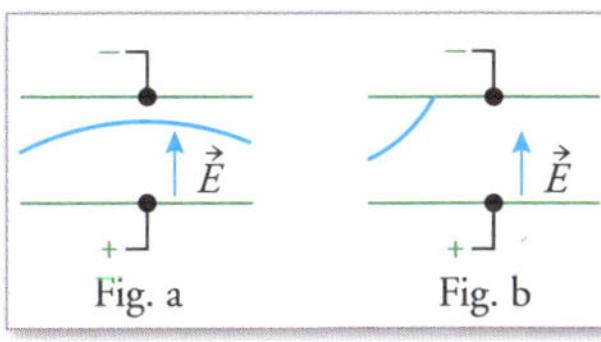

☐ **a.** La figure a

☐ **b.** La figure b

☐ **c.** Aucune des deux figures

3 *La propulsion par réaction*

Le schéma ci-contre représente les forces qui s'exercent au moment où un rameur plonge les rames dans l'eau (démarrage du bateau).

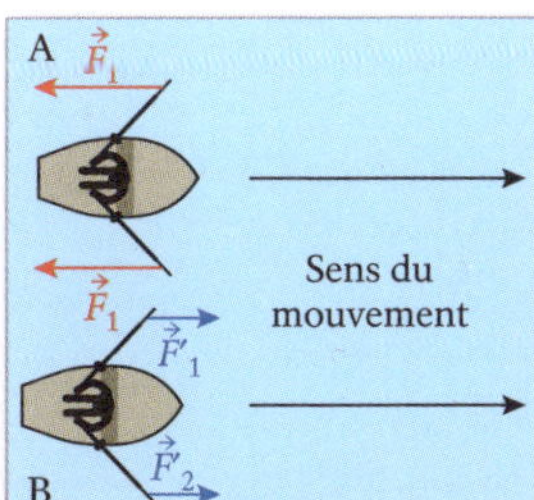

☐ **a.** Sur le schéma A, le système étudié est {les rames}.

☐ **b.** Sur le schéma B, le système est {l'eau}.

☐ **c.** $\vec{F'_1}$ et $\vec{F'_2}$ (schématisées en B) sont les forces que l'eau exerce sur le bateau.

Corrigés !

Score : ... / 3

1 *La schématisation de satellites en mouvement circulaire uniforme*

Fiche 24

a. Faux. Le poids est dirigé vers le centre de la Terre : ce n'est pas le cas sur la figure a.

b. Vrai. Sur les trois schémas, la ou les flèche(s) sont normales au cercle. Le mouvement est uniforme, l'accélération tangentielle (valeur dv/dt) est nulle : le vecteur accélération est parallèle à la normale à la trajectoire, c'est-à-dire selon les rayons du cercle. Les flèches peuvent représenter le vecteur accélération.

c. Faux. Un satellite est soumis à son seul poids : le schéma a. ne peut représenter un satellite. Les autres figures représentent des trajectoires pour lesquelles O est bien le centre attracteur.

2 *La trajectoire d'une particule chargée*

Fiche 23

Réponse b. Le mouvement d'une particule chargée dans un champ électrique uniforme est parabolique. C'est le cas pour les deux figures. Une particule positive est attirée par la plaque négative : c'est le cas pour la figure b.

3 *La propulsion par réaction*

Fiche 20

Pour démarrer le bateau, le rameur plonge les rames loin derrière lui et les ramène vers ses pieds, c'est-à-dire vers l'arrière du bateau car il est assis dos tourné à l'avant.

a. Faux. Sur le schéma A, on voit les forces exercées par les rames sur l'eau, quand le rameur ramène de l'eau vers ses pieds : le système étudié est {l'eau}.

b. Faux. Sur le schéma B on voit l'action exercée en retour par l'eau sur les rames, forces qui ont pour effet de faire avancer le bateau dans la direction souhaitée. Le système étudié est {les rames} ou plutôt {les rames et le bateau}.

c. Vrai. Car elles sont dans le sens du mouvement et s'opposent aux forces exercées par les rames sur l'eau.

Calculer le travail d'une force

27

QUIZ p. 69

RAPPELS DE COURS

1 Travail d'une force

▶ Le **travail élémentaire** de la force $\vec{F}$ sur le trajet $\delta\vec{\ell}$ est $\delta W = \vec{F} \cdot \delta\vec{\ell}$.

▶ Si la force est **constante**, $W(\vec{F})_{A \to B} = \vec{F} \cdot \overrightarrow{AB}$.

▶ Si $W(\vec{F})_{A \to B} > 0$, le travail est **moteur** : la force favorise le déplacement.

▶ Si $W(\vec{F})_{A \to B} < 0$, le travail est **résistant** : la force s'oppose au déplacement.

2 Travail de la force de pesanteur $\vec{P} = m\vec{g}$, constante

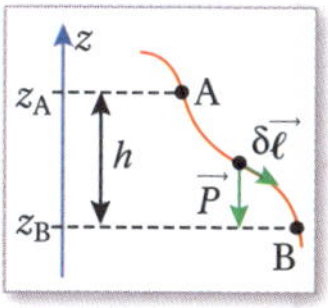

▶ $W(\vec{P})_{A \to B} = \int_A^B \vec{P} \cdot \delta\vec{\ell} = \vec{P} \cdot \int_A^B \delta\vec{\ell} = \vec{P} \cdot \overrightarrow{AB}$

$$W(\vec{P})_{A \to B} = mgz_A - mgz_B = mgh$$

W en J ; m en kg
g en $N \cdot kg^{-1}$; h en m

▶ Le travail de la force de pesanteur entre A et B ne dépend pas du chemin suivi, mais seulement de la différence d'altitude h.

3 Travail de la force électrique $\vec{F} = q\vec{E}$, constante

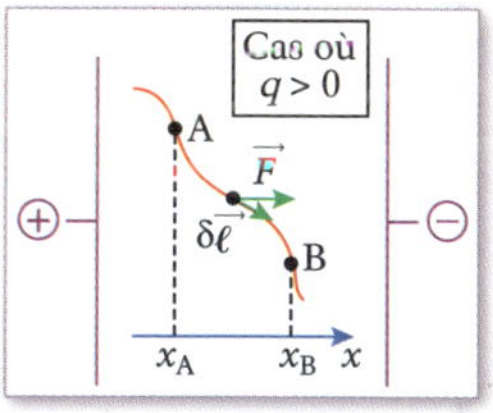

▶ $W(\vec{F})_{A \to B} = \int_A^B \vec{F} \cdot \delta\vec{\ell}$

Le champ électrique est uniforme, donc $\vec{F}$ est constante :

$W(\vec{F})_{A \to B} = \vec{F} \cdot \int_A^B \delta\vec{\ell} = \vec{F} \cdot \overrightarrow{AB} = q\vec{E} \cdot \overrightarrow{AB}$

$$W(\vec{F})_{A \to B} = qEx_B - qEx_A$$

W en J ; q en C
E en $V \cdot m^{-1}$; x en m

▶ Le travail de la force électrique entre A et B ne dépend pas du chemin suivi mais seulement des distances de A et B aux plaques.

MÉTHODES

Comprendre le rôle des forces de frottement

On note $\vec{f}$ et $\vec{f'}$ les forces de frottement constantes qui sont exercées par le sol sur la roue arrière et la roue avant d'un vélo. Déterminer la nature du travail de $\vec{f}$ et $\vec{f'}$ sur un trajet AB.

CONSEILS

Représenter les forces $\vec{f}$ et $\vec{f'}$ qui s'exercent sur chacune des roues en notant que, sur la roue entraînée par les pédales, l'effet global est de faire avancer le vélo alors que sur l'autre roue, l'effet unique est de freiner le vélo.

SOLUTION

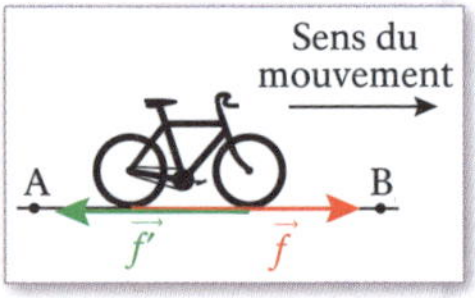

$\vec{f}$, résultante des forces exercées sur la roue arrière, est dirigée dans le sens du mouvement. $W(\vec{f})_{A\to B} = \vec{f} \cdot \overrightarrow{AB}$ est positif, il est moteur : la force de frottement sur la roue motrice favorise le déplacement (→ FICHE 17). Si cette force était nulle, la roue « patinerait ».

$W(\vec{f'})_{A\to B} = \vec{f'} \cdot \overrightarrow{AB}$ est négatif, il est résistant car $\vec{f'}$ s'oppose au mouvement.

Exprimer un travail en joules ou en électronvolts

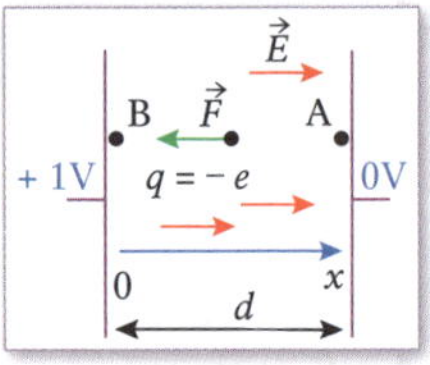

Un électron se déplace de la plaque A à la plaque B sous l'effet de la force électrique. Calculer, en J puis en eV, le travail de la force électrique.

Données : $e = 1{,}6 \times 10^{-19}$ C ;
1 eV $= 1{,}6 \times 10^{-19}$ J.

SOLUTION

La force est constante et parallèle à $\overrightarrow{AB}$. En projetant sur Ox :

$$W(\vec{F})_{A\to B} = \vec{F}\cdot\overrightarrow{AB} = (-eE)(x_B - x_A) = -e\frac{U}{d}(-d) = eU$$
$$= 1{,}6 \times 10^{-19}\ \text{J} = 1\ \text{eV}.$$

Reconnaître une force conservative 28

QUIZ p. 69

RAPPELS DE COURS

1 Énergie potentielle : définitions

Une force est **conservative** lorsque son travail est indépendant du chemin suivi (→ FICHE 27). On peut alors associer à l'objet qui subit la force une énergie potentielle, liée à sa position.

A Énergie potentielle de pesanteur (en J)

$$E_{pp} = mgz$$

m : masse de l'objet en kg
g : intensité de la pesanteur en $N \cdot kg^{-1}$
z : altitude en m

B Énergie potentielle électrique (en J)

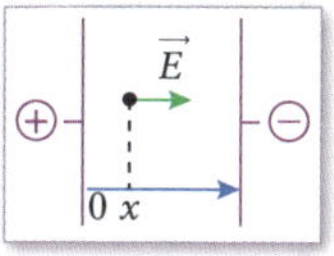

$$E_{pé} = -qEx = qU$$

q : charge, en C
E : champ électrique en $N \cdot C^{-1}$
$U = -Ex$: potentiel électrique au point d'abscisse x, en V

C Énergie potentielle élastique (en J)

$$E_{pk} = \frac{1}{2}kx^2$$

k : raideur du ressort en $N \cdot m^{-1}$
x : élongation en m

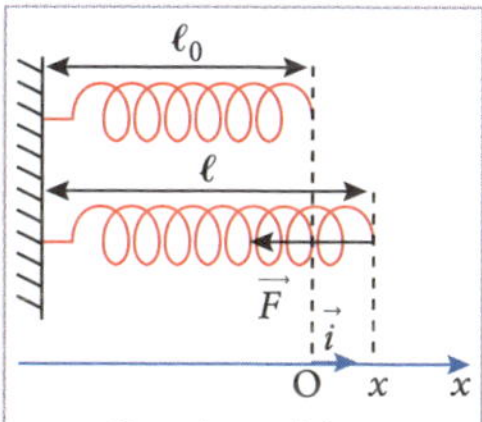

O est la position du solide au repos

2 Travail des forces conservatives

▶ Pour une **force conservative** :

$$W(\vec{F})_{A \to B} = -\Delta E_{potentielle} = E_p(A) - E_p(B)$$

▶ On admet que, réciproquement, si le travail d'une force sur un trajet AB est l'opposé de la variation d'énergie potentielle entre ces deux points, alors cette force est conservative.

Montrer que le poids est conservatif

Un skieur de masse m se laisse glisser sans frottements de A en B. Vérifier que le travail du poids du skieur sur ce trajet est l'opposé de la variation de son énergie potentielle ΔE_{pp}.

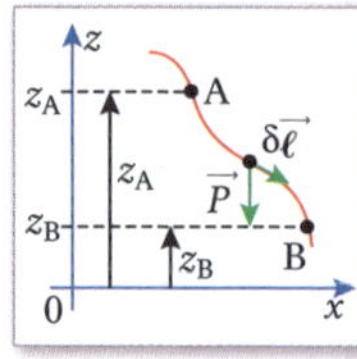

Conseil

Calculer séparément le travail du poids et ΔE_p pour montrer qu'ils sont égaux.

Solution

Coordonnées de $\vec{P}$: $P_x = 0$ et $P_y = -P$.

Coordonnées de $\overrightarrow{AB}$: $(x_B - x_A)$ et $(z_B - z_A)$.

$$W(\vec{P})_{A\to B} = \int_A^B \vec{P}\cdot\vec{\delta\ell}$$
$$= \vec{P}\cdot\int_A^B \vec{\delta\ell} = \vec{P}\cdot\overrightarrow{AB}$$
$$= 0\times(x_B - x_A) - P\times(z_B - z_A) = -mg(z_B - z_A)$$

$$\Delta E_{pp} = E_{pp}(B) - E_{pp}(A) = mgz_B - mgz_A = mg(z_B - z_A)$$

Donc $W(\vec{P})_{A\to B} = -\Delta E_{pp}$. Le poids est conservatif.

Montrer que la force de frottement n'est pas conservative

On pousse successivement la même voiture miniature de A jusqu'en B, en suivant deux chemins différents (voir schéma). La force de frottement f est supposée constante et tangente à la trajectoire tout au long de ces deux trajets de longueurs respectives $AB = L$ et $AA' + A'B' + B'B = L'$

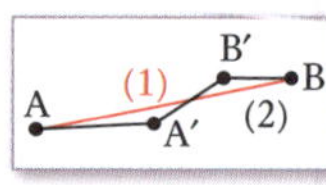

Montrer que la force de frottement n'est pas conservative.

Solution

Le travail est résistant car la force de frottement s'oppose au déplacement.

Selon le trajet en ligne droite : $W_{AB}^{(1)} = -fAB = -fL$.

Selon l'autre trajet : $W_{AB}^{(2)} = [-f\cdot AA'] + [-f\cdot A'B'] + [-f\cdot B'B]$
$= -f(AA' + A'B' + B'B) = -fL'$

Comme $L' > L$, on a $W_{AB}^{(2)} > W_{AB}^{(1)}$. Le travail de la force de frottement dépend donc du chemin suivi : la force n'est pas conservative.

Analyser les transferts énergétiques

29

QUIZ p. 69

RAPPELS DE COURS

1 Énergie mécanique

L'énergie mécanique E totale d'un système est la somme de son énergie potentielle E_p (→ FICHE 28) et de son énergie cinétique E_c :

$$E = E_p + E_c \qquad E_c = \frac{1}{2}mv^2$$

E, E_p et E_c en J
m en kg ; v en $m \cdot s^{-1}$

2 Conservation de E en l'absence de frottements

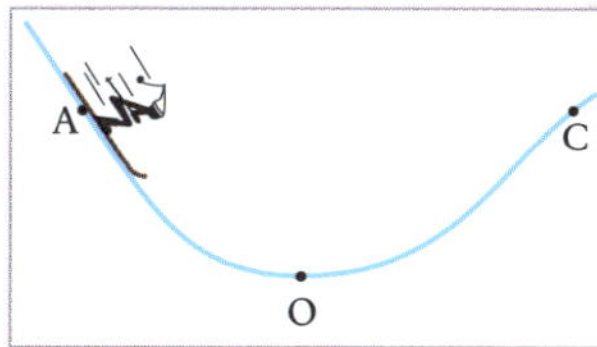

En **l'absence de frottement**, lorsque l'énergie potentielle diminue, l'énergie cinétique augmente, et inversement, de sorte que la somme reste constante.

Il y a transformation d'une forme d'énergie (cinétique ou potentielle) en une autre.

EXEMPLE Le mouvement d'un skieur dans un « tube ».

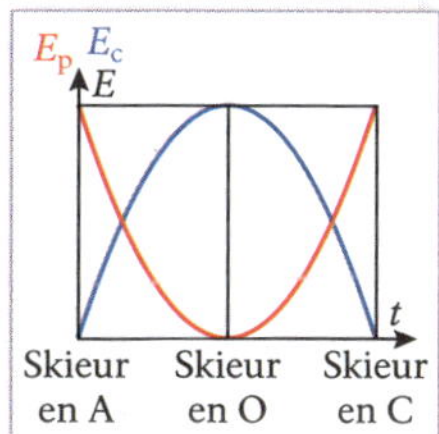

3 Amortissement

Le mouvement d'un pendule simple réel (→ FICHE 25) **s'amortit** : partie de H_g, la masse ne remonte que jusqu'à H_d.

Toute l'énergie potentielle en H_g n'est pas convertie en énergie cinétique en O : de l'énergie est **dissipée sous forme de chaleur**. Cette perte correspond au travail des forces de frottement, notées $\vec{f}$.

Le système est dissipatif. L'énergie mécanique totale n'est pas conservée ; elle diminue. La perte d'énergie ΔE vaut :

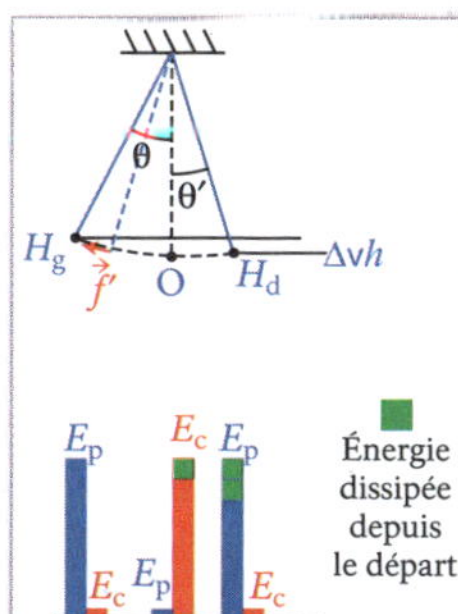

$$\Delta E = W(\vec{f})$$

ΔE et W en J

MÉTHODE

Interpréter un phénomène dissipatif

On a mesuré les énergies cinétique E_c, potentielle E_p et mécanique totale E d'un dispositif solide-ressort de raideur k. À l'instant $t = 0$, la masse est lâchée sans vitesse initiale avec l'élongation X_{max}.

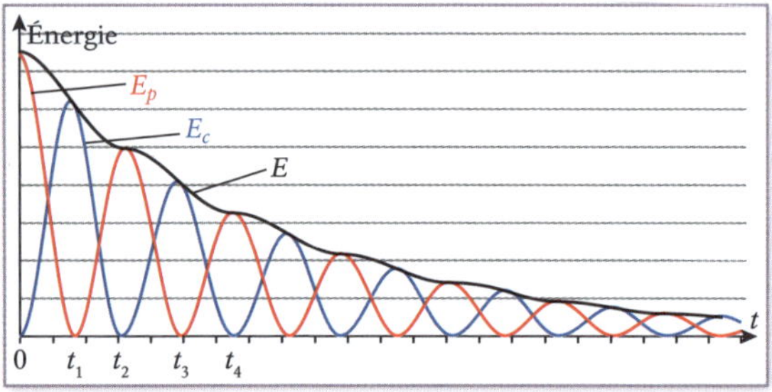

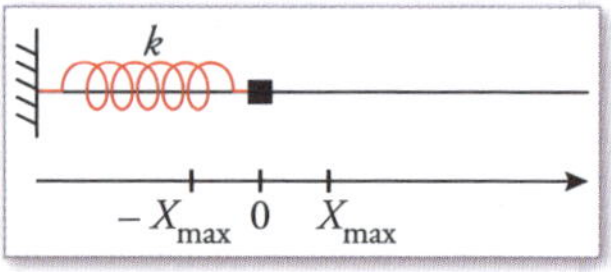

1. Que valent E_c, E_p et E à l'instant $t = 0$?

2. À quels instants E_c est-elle maximale ? Que vaut alors E_p ?

3. Le système est-il conservatif ? Pourquoi E diminue-t-elle par paliers ?

CONSEILS

2. Observer les courbes et se reporter au schéma du dispositif.

3. Rechercher quelle est l'origine de la dissipation d'énergie.

SOLUTION

1. À l'instant $t = 0$, le système est lâché sans vitesse initiale, donc :

$E_c(0) = 0$. L'élongation vaut X_{max} donc $E_p(0) = \frac{1}{2}kX^2_{max}$.

L'énergie mécanique totale vaut alors

$$E(0) = E_p(0) + E_c(0) = \frac{1}{2}kX^2_{max}.$$

2. E_c est maximale aux instants t_1 et t_3 où la masse passe par la position 0. E_p est alors nulle parce que l'élongation x vaut 0.

3. Le système n'est pas conservatif car l'énergie mécanique totale diminue. Elle diminue plus fortement lorsque les frottements sont les plus importants, c'est-à-dire lorsque la vitesse est maximale : passage en 0 aux instants t_1, t_3 etc. Elle ne diminue pas lors des passages en $-X_{max}$ et $+X_{max}$ aux instants 0, t_2, t_4 etc. où la vitesse est nulle.

Relier l'énergie interne et la capacité thermique

30

QUIZ p. 69

RAPPELS DE COURS

1 Définition de l'énergie interne

▶ La **matière** est modélisée comme un ensemble de particules en mouvement (atomes, molécules…), reliées entre elles par des liaisons élastiques.

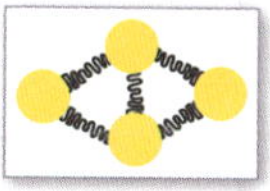

▶ L'**énergie interne** U résulte de contributions microscopiques. Pour une température donnée, U est la somme des énergies cinétiques et des énergies potentielles de toutes les particules.

2 L'énergie interne d'un corps

À une température donnée, l'énergie interne U d'un système est constante. Sous l'effet de l'**agitation thermique**, il y a en permanence, à l'**échelle microscopique**, transformation d'énergie potentielle en énergie cinétique et d'énergie cinétique en énergie potentielle, mais l'énergie interne reste constante à l'**échelle macroscopique**.

3 La capacité thermique

▶ **Chauffer** un corps, c'est apporter une quantité de chaleur Q qui va **augmenter l'énergie interne** d'une quantité ΔU positive.

▶ **Refroidir** un corps, c'est prélever une quantité de chaleur Q qui va **diminuer l'énergie interne** d'une quantité ΔU négative.

$$\Delta U = Q_{\text{échangée}}$$ ΔU et $Q_{\text{échangée}}$ en J

▶ Pour un corps liquide ou un solide, la variation d'énergie interne est proportionnelle à la variation de température et à la masse m du corps. On définit la capacité thermique massique c du matériau constituant le corps par :

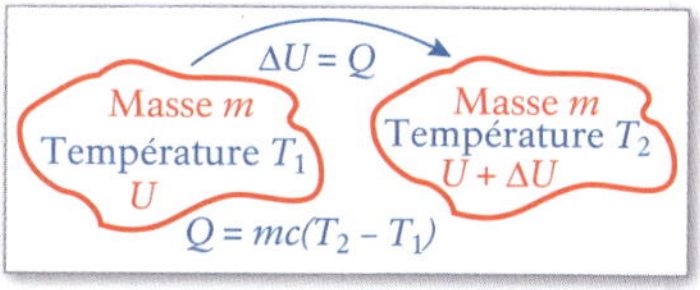

$$\Delta U = cm\Delta T$$ ΔU en J ; m en kg ; ΔT en K ; c en $J \cdot K^{-1} \cdot kg^{-1}$

Exploiter la relation $\Delta U = Q = cm\Delta T$

On extrude industriellement à 230 °C du polystyrène stocké à 15 °C pour former des tubes profilés. La production horaire est de 20 kg de tube. Quelle est la chaleur nécessaire au chauffage du matériau pour 8 h de production ?

Donnée : $c_{\text{polystyrène}} = 1\ 340\ \text{J} \cdot \text{K}^{-1} \cdot \text{kg}^{-1}$

CONSEILS

ΔT, différence de température, s'exprime par le même nombre en K ou en °C.

SOLUTION

La chaleur nécessaire au chauffage d'une masse m de matériau avant extrudage est $Q = c \times m \times \Delta T$.

En huit heures, $m = 20 \times 8 = 160$ kg de polystyrène sont extrudés.

La chaleur totale nécessaire est :

$$Q = c \times m \times \Delta T = 1\ 340 \times 160 \times (230 - 15)$$
$$= 4{,}6 \times 10^7\ \text{J} = 4{,}6 \times 10^4\ \text{kJ}$$

Comparer les propriétés thermiques de deux fluides

	Eau	Huile
Masse volumique ρ (kg · L^{-1})	1, 0	0, 80
Capacité thermique massique c (J · K^{-1} · kg^{-1})	4 185	2 000

On dispose de deux béchers contenant chacun le même volume $V = 50$ mL de liquide, l'un de l'huile et l'autre de l'eau.

Quel est le liquide qui emmagasine le plus de chaleur lorsqu'on élève sa température de $\Delta T = 80$ °C ?

SOLUTION

Pour élever la température de ΔT, il faut apporter de l'énergie sous forme de chaleur. L'expression de la chaleur apportée à chaque liquide est : $Q = cm\Delta T = c\rho_{\text{liquide}}V\Delta T$

– pour l'eau : $Q = 4\ 185 \times 1{,}0 \times 0{,}050 \times 80 = 17 \times 10^3$ J ;

– pour l'huile : $Q = 2\ 000 \times 0{,}80 \times 0{,}050 \times 80 = 6{,}4 \times 10^3$ J.

L'eau est le liquide qui reçoit et emmagasine donc le plus de chaleur ; c'est un bon fluide « caloporteur ».

Évaluer un transfert thermique

31

QUIZ p. 69

RAPPELS DE COURS

1 Les différents modes de transferts thermiques

Ils se font toujours du corps le plus chaud vers le corps le plus froid. Il y a **irréversibilité** du transfert.

- **Convection** : transfert avec transport de matière dans un fluide.
- **Conduction** : transfert sans transport de matière, l'agitation thermique se propage de proche en proche.
- **Rayonnement** : transfert sans transport de matière, possible dans le vide.

2 Flux thermique et résistance thermique

- Le **flux thermique** Φ est l'énergie thermique qui traverse une paroi par unité de temps. Pour $T_1 > T_2$:

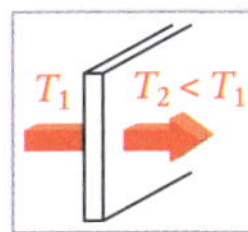

$$\Phi = \frac{S}{R}(T_1 - T_2)$$

Φ en W ; S en m^2 ; T_2 et T_1 en K
R en m$^2 \cdot$ K $\cdot$ W^{-1}

- R est la **résistance thermique** du matériau. Elle dépend non seulement de la nature du matériau mais aussi de son épaisseur. Plus R est élevée, plus le matériau est isolant.
- Lorsque plusieurs matériaux sont accolés, les résistances thermiques s'ajoutent : $R = R_1 + R_2 + R_3$.
- Pendant la durée Δt, la paroi transmet :

– une **quantité de chaleur** $Q = \frac{S}{R}(T_1 - T_2)\,\Delta t$;

– une **puissance thermique** : $P = \frac{S}{R}(T_1 - T_2)$;

Q en J ; P en W ; S en m^2 ; R en m$^2 \cdot$ K $\cdot$ W^{-1} ; T en K ; t en s.

3 Transfert thermique et travail

Pour un système, le **transfert thermique** Q et le **travail** W sont les seules façons d'échanger de l'énergie ΔE avec un autre système.

$$\Delta E = \Delta E_{\text{méca}} + \Delta U = \Delta E_c + \Delta E_p + \Delta U = W + Q$$

Calculer un flux thermique

Les parois d'un entrepôt de surface totale $S = 50\ \text{m}^2$ sont recouvertes d'une couche de polystyrène de 2,5 cm d'épaisseur de résistance thermique $R = 2$ SI. La température extérieure est $T_{ext} = 0\ °\text{C}$, la température intérieure $T_{int} = 18\ °\text{C}$.

1. Quelle est la signification physique de R ? En déduire quelle est l'expression correcte du flux thermique à travers la paroi :

(a) $\Phi = \dfrac{R}{S}(T_{int} - T_{ext})$ ou (b) $\Phi = \dfrac{S}{R}(T_{int} - T_{ext})$.

2. Retrouver par analyse dimensionnelle l'unité de R.

3. Calculer le flux thermique à travers l'ensemble de l'entrepôt.

Conseils

1. Pour un écart de température donné, rechercher le sens de variation attendu du flux en fonction des variations de R.

2. et **3.** Utiliser l'expression du flux choisie au 1.

Solution

1. R mesure la capacité de la paroi à s'opposer aux échanges thermiques. L'écart $(T_{int} - T_{ext})$ étant fixé, Φ est d'autant plus faible que R est grande : Φ doit donc être fonction décroissante de R. (b) est l'expression correcte.

2. De (b) on tire $R = S\dfrac{(T_{int} - T_{ext})}{\Phi}$ donc R s'exprime en : $\text{m}^2 \cdot \text{K} \cdot \text{W}^{-1}$.

3. $\Phi = \dfrac{S}{R}(T_1 - T_2) = \dfrac{50}{2}(18 - 0) = 4{,}5 \times 10^2\ \text{W}$.

Distinguer les différents modes de transferts thermiques

Donner un exemple de chacun des trois modes de transfert thermique : convection, conduction et rayonnement.

Solution

Convection : courant d'air chaud qui s'élève au-dessus des radiateurs.

Conduction : un morceau de métal placé dans une flamme devient brûlant d'une extrémité à l'autre.

Rayonnement : rayonnement solaire qui provoque, après avoir traversé le vide spatial, un « coup de soleil », c'est-à-dire une brûlure de la peau due à un échauffement.

Établir un bilan énergétique

32

QUIZ p. 69

RAPPELS DE COURS

1 Les ressources en énergie

▶ Le pétrole, le gaz et le charbon constituent un stock d'**énergie chimique fossile** non renouvelable. Leur combustion fournit de l'**énergie thermique** mais produit des **gaz à effet de serre** (GES). L'énergie **nucléaire**, non renouvelable, produit également de l'énergie thermique.

▶ Les énergies **solaire, éolienne, hydraulique** ou **géothermique** sont des sources d'énergie renouvelable de même que la **biomasse**.

2 La chaîne énergétique

▶ Traditionnellement, l'énergie chimique est convertie en énergie thermique pour chauffer de l'eau et produire de la vapeur qui fait tourner une **turbine** reliée à un **alternateur**.

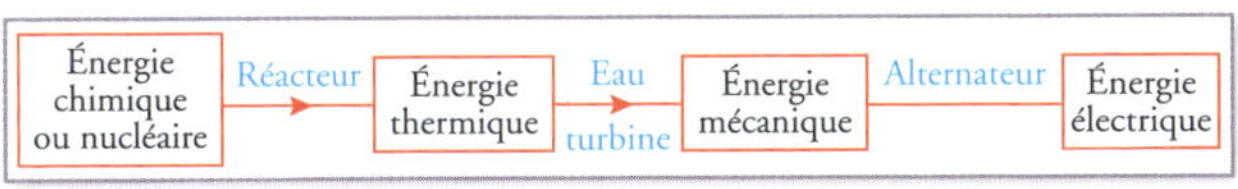

▶ Aujourd'hui apparaissent de nouvelles **chaînes énergétiques.**

EXEMPLE Les cellules photovoltaïques transforment directement l'énergie lumineuse du rayonnement solaire en énergie électrique.

3 Conservation et dégradation de l'énergie

▶ Lors de sa conversion, l'énergie n'est pas récupérable en totalité par l'utilisateur. Le **rendement** n'est jamais égal à 1 : l'énergie récupérée en bout de chaîne est toujours inférieure à l'énergie fournie.

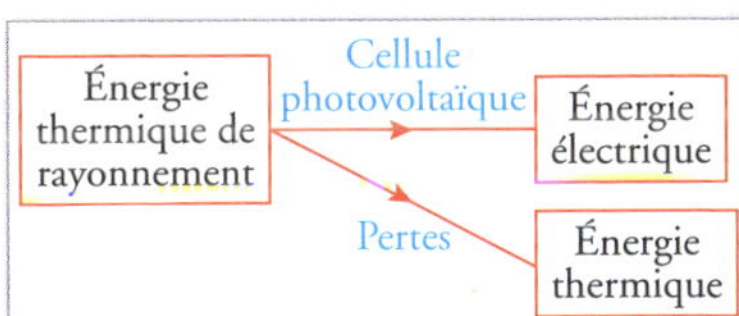

▶ On parle de **dégradation** de l'énergie pour désigner la dissipation sous forme de chaleur d'une partie de l'énergie fournie.

4 Bilan énergétique

Faire un bilan énergétique, c'est énumérer et éventuellement calculer tous les **flux d'énergie entrant** et sortant d'un système donné.

MÉTHODES

Comprendre l'influence des gaz à effet de serre (GES)

1. Expliquer ce que représentent 1, 2, 3, 4, 5 et 6 sur cette schématisation.

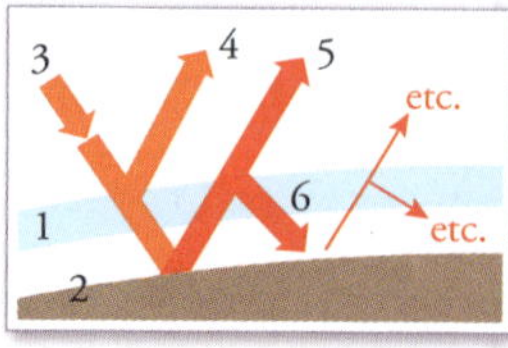

2. Le schéma peut laisser supposer que la Terre se réchauffe sans limite. Comment expliquer que la température de la Terre soit stable ?

CONSEILS

1. Raisonner en termes d'absorption et réflexion.
2. Si la température de la Terre reste à peu près constante, c'est qu'elle reçoit autant d'énergie qu'elle en émet.

SOLUTION

1. Le rayonnement solaire (3) est en partie réfléchi (4) par l'atmosphère (1). Celui qui parvient au sol (2) est absorbé et réémis sous forme d'un rayonnement de plus basse fréquence (infrarouges) qui traverse plus difficilement l'atmosphère (5). En effet, les molécules de GES absorbent ces rayonnements IR et les réémettent dans toutes les directions (5 et 6). Le rayonnement qui revient vers le sol (6) est de nouveau renvoyé en partie vers les GES et ainsi de suite.

2. La description ci-dessus ne s'intéresse qu'au rayonnement solaire arrivant sur Terre. Dans le même temps,

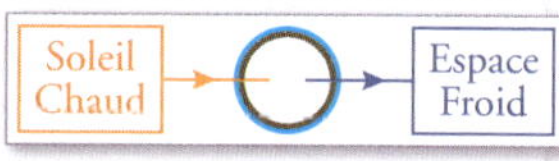

la Terre et son atmosphère se refroidissent au contact avec l'espace froid (essentiellement la nuit par la face opposée au Soleil). La Terre et son atmosphère reçoivent globalement autant d'énergie qu'elles en émettent. Si la quantité de GES augmente, l'équilibre s'établit à une température plus élevée.

Établir une chaîne énergétique

Madame Autan a fait installer une éolienne dans son jardin. Établir la chaîne d'énergie correspondante.

SOLUTION

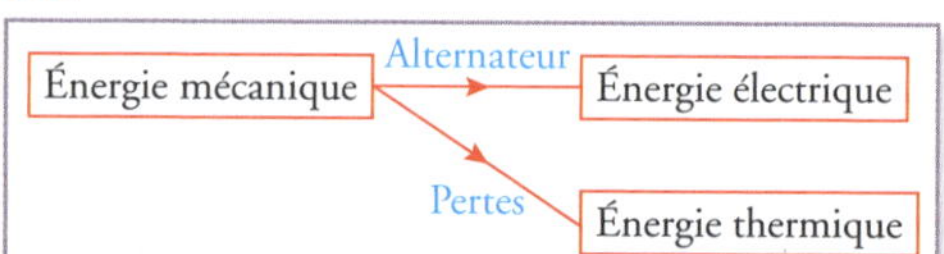

Quiz express

Cochez la ou les bonnes réponses

33

Aspects énergétiques

1 Le travail du poids

Un skieur de masse $m = 75$ kg arrive en un point H à l'altitude $h = 1\,645$ m d'où il glisse vers H', à l'altitude $h' = 1\,639$ m. On néglige les frottements.

Donnée : $g = 10 \text{ m} \cdot \text{s}^{-2}$.

☐ **a.** Le travail du poids du skieur pendant la descente de H en H' vaut $-4{,}5 \times 10^3$ J.

☐ **b.** On ne peut pas calculer l'énergie cinétique du skieur en H'.

2 L'énergie cinétique

Un pot de fleurs P (masse m) et une balconnière B (masse $M > m$) tombent d'un balcon situé 5 m au-dessus du trottoir. On néglige les frottements de l'air.

1. Comparée à celle de B la vitesse de P est :

☐ **a.** plus faible ☐ **b.** la même ☐ **c.** plus grande

2. Comparée à celle de B l'énergie cinétique de P est :

☐ **a.** plus faible ☐ **b.** la même ☐ **c.** plus grande

3 La résistance thermique

La conductivité thermique λ caractérise le caractère isolant d'un matériau. Elle permet de calculer la résistance thermique R par la relation $R = \frac{\lambda}{e}$, où e est l'épaisseur de matériau.

Données : $\lambda_{\text{polystyrène}} = 5 \times 10^{-2}$ SI ; $\lambda_{\text{plâtre}} = 4 \times 10^{-1}$ SI

La résistance thermique d'une cloison de plâtre de 20 cm d'épaisseur est :

☐ **a.** la même que celle d'une cloison de polystyrène de 25 mm d'épaisseur

☐ **b.** la même que celle d'une cloison de polystyrène de 25 cm d'épaisseur

4 Le flux thermique

Une cloison de polystyrène de 25 mm d'épaisseur sépare deux pièces dont la différence de température est de 5 °C. Le flux thermique qui traverse 1 m² de cette cloison vaut :

☐ **a.** 2,5 W ☐ **b.** 0,25 W ☐ **c.** 2 W

Corrigés

Score : ... / 4

1 Le travail du poids

Fiche 27

a. Vrai. Le travail du poids du skieur pendant la descente de H en H′ est moteur car le poids favorise le mouvement. $W_{\mathrm{H}\to\mathrm{H}'} = mg(h - h') = 75 \times 10 \times 6 = 4{,}5 \times 10^3$ J.

b. Vrai. En H, l'énergie mécanique totale du skieur est la somme de l'énergie cinétique qu'il a en y arrivant et de son énergie potentielle. $E(\mathrm{H}) = E_c(\mathrm{H}) + mgh$.

En (H′) son énergie totale $E(\mathrm{H}') = E_c(\mathrm{H}') + mgh'$ vaut toujours $E(\mathrm{H})$ puisque les frottements sont négligés.

On a donc $E_c(\mathrm{H}) + mgh = E_c(\mathrm{H}') + mgh'$

et donc $E_c(\mathrm{H}') = E_c(\mathrm{H}) + mg(h - h')$. Comme on ignore la valeur de l'énergie cinétique $E_c(\mathrm{H})$ en H, on ne peut calculer l'énergie cinétique en H′.

2 L'énergie cinétique

Fiche 29

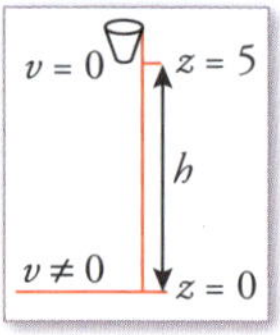

Réponse b. La conservation de l'énergie mécanique globale au cours de la chute s'écrit, pour une vitesse initiale nulle :

$E_c + E_p = 0 + mgh = \frac{1}{2}mv^2 + 0$ d'où $v = \sqrt{2gh}$,

expression qui est indépendante de la masse. La vitesse est la même pour P et pour B.

Réponse a. L'énergie cinétique de la balconnière à l'arrivée au sol est supérieure à celle du pot car sa masse est plus grande : $\frac{1}{2}Mv^2 > \frac{1}{2}mv^2$.

3 La résistance thermique

Fiche 30

Réponse c. On calcule $R = \frac{\lambda}{e}$ pour le plâtre :

$$R_{\text{plâtre}} = \frac{4 \times 10^{-1}}{0{,}20} = 2 \text{ SI}$$

et pour le polystyrène : $R_{\text{polystyrène}} = \frac{5 \times 10^{-2}}{0{,}025} = 2$ SI. Les deux résistances thermiques sont identiques (remarquer que la cloison de plâtre est 8 fois plus épaisse).

4 Le flux thermique

Fiche 31

Réponse a.

$$\Phi = \frac{S}{R}(T_1 - T_2) = \frac{Se}{\lambda}(T_1 - T_2) = \left(\frac{1 \times 0{,}025}{0{,}05}\right) \times 5 = 2{,}5 \text{ W}.$$

Définir et mesurer le temps (1)

34

? QUIZ p. 77

RAPPELS DE COURS

1 Définition de la seconde à partir d'un phénomène astronomique

▶ Le **jour sidéral** est la durée qui sépare deux instants successifs où la Terre pointe vers la même étoile fixe très éloignée du Soleil.

▶ Le **jour solaire** est la durée qui sépare deux instants successifs où la Terre pointe vers le Soleil. En raison de la rotation de la Terre autour du Soleil, le jour sidéral est plus court de quelques minutes que le jour solaire.

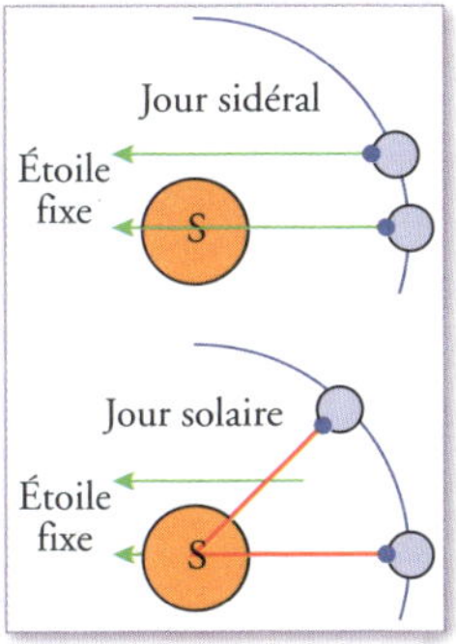

▶ Le jour solaire varie légèrement. On définit donc le **jour solaire moyen**, moyenne des jours solaire et sidéral.

▶ La **seconde** est définie comme $\frac{1}{86\,400}$ du jour solaire.

2 Mesurer le temps avec des horloges mécaniques

▶ Le **gnomon**, bâton planté verticalement et le **cadran solaire**, au style incliné pour prendre en compte la latitude, ne fonctionnent que le jour et par beau temps. Les systèmes étalonnés basés sur l'écoulement d'un fluide (**clepsydre** ou **sablier**) fonctionnent en intérieur mais leur autonomie est très faible.

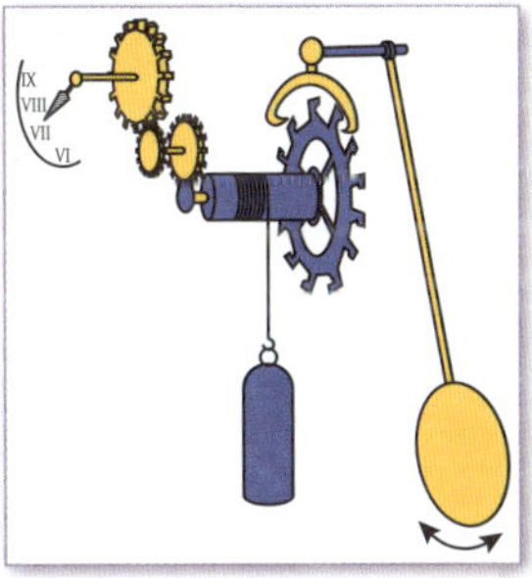

▶ Dans les horloges à balancier (XVIIe siècle) la chute d'une masse entraîne la rotation d'une aiguille et le dispositif est synchronisé avec l'oscillation d'un **pendule** (→ FICHE 25) qui fait avancer l'aiguille pas à pas. Ces horloges à échappement ne peuvent fonctionner dans un véhicule en mouvement et elles se dérèglent lorsqu'on les déplace.

▶ Au XVIIIe siècle, apparaissent des **horloges à ressorts** plus précises que l'on peut embarquer à bord des navires : un ressort comprimé, qu'il faut remonter régulièrement, remplace la masse.

MÉTHODES

Comprendre la nécessité de disposer d'horloges précises

1. En mer, lorsque l'on détermine la position du bateau, une erreur d'horloge de 4 minutes entraîne une erreur de 1° de longitude. Évaluer, en mètres, l'erreur sur la position pour un bateau sur l'équateur.
Donnée : $R_{\text{Terre}} = 6,4 \times 10^3$ km.

2. Les premiers chronomètres se décalaient de quelques secondes par jour. Quel était l'ordre de grandeur de l'erreur commise lors de la détermination de la position du bateau ?

CONSEILS

1. Se souvenir qu'un cercle correspond à 360°.
2. On peut partir du résultat du **1.**

SOLUTION

1. L'équateur est un cercle de périmètre $2\pi R_{\text{Terre}}$ divisé en 360°. Une horloge décalée de 4 minutes entraîne une erreur de 1°. L'arc de cercle correspondant a une longueur de

$$\frac{2\pi R_{\text{Terre}}}{360} = \frac{2\pi \times 6,4 \times 10^3}{360} = 112 \text{ km} = 1,12 \times 10^5 \text{ m}.$$

2. On passe d'un décalage de quelques minutes (4 minutes) à quelques secondes : l'erreur sur la distance est donc divisée par 60. Elle est de l'ordre du kilomètre $\left(\frac{112}{60} = 2 \text{ km}\right)$. Pour une longue navigation, l'erreur cumulée peut être très importante.

Rechercher les limites des horloges à poids et balancier

Pourquoi a-t-on besoin d'un balancier et d'un système d'échappement ?

SOLUTION

Dans le champ de pesanteur, la chute verticale est un mouvement accéléré (→ FICHE 22) : sans système d'échappement, l'aiguille tournerait de plus en plus vite. L'horloge « à poids » est conçue pour que la masse ne descende que pendant l'échappement : il s'agit d'une succession de petites chutes à vitesse initiale nulle.

Définir et mesurer le temps (2)

35

QUIZ p. 77

RAPPELS DE COURS

1 Une nouvelle unité de temps

▶ Définir la seconde à partir d'un phénomène astronomique dissipatif (la Terre ralentit) et complexe (sa période de rotation présente des fluctuations de quelques millisecondes) n'est plus assez précis pour les besoins d'aujourd'hui.

▶ En 1967, la **seconde** a été définie à partir d'un phénomène quantique très stable. La seconde est « la durée de 9 192 631 770 périodes de la radiation correspondant à la transition entre les deux niveaux énergétiques dits hyperfins de l'état fondamental de l'atome de césium 133 ». Ainsi a pu être définie une échelle de temps mondiale, le **TAI (temps atomique international)**.

2 De nouvelles horloges

▶ Malgré la mise au point de dispositifs permettant de stocker de l'énergie potentielle (ressort, chute d'une masse) (→ FICHE 34) susceptible d'être convertie en énergie cinétique pour compenser les pertes, les horloges utilisant un phénomène mécanique **dissipatif** ne sont plus assez précises au XXIe siècle.

▶ Les horloges atomiques utilisent le fait que l'énergie de l'atome est quantifiée (→ FICHE 11). Ainsi, pour une horloge à césium, la fréquence de l'onde qui sert d'étalon sera exactement de 9 192 631 770 Hz ; on prédit que ce type d'horloge se décale d'environ 1 s en 3 millions d'années.

3 Temps absolu et mécanique classique

▶ L'expérience courante nous montre un **temps absolu** : le temps s'écoule de la même façon dans tous les référentiels.

▶ L'expérience courante nous montre une **vitesse relative** dont la valeur dépend du référentiel d'observation.

4 Postulats d'Einstein : temps relatif et relativité restreinte

▶ La **célérité de la lumière** dans le vide, c, est **la même** dans tous les référentiels galiléens. Cela implique que le temps n'est pas absolu mais **relatif**, il ne s'écoule pas de la même façon dans tous les référentiels (→ FICHE 36).

▶ Aucune vitesse ne peut être supérieure à c.

▶ Dans le cadre de la relativité, les lois de la physique restent les mêmes dans tous les référentiels galiléens (reprise du postulat de Galilée).

MÉTHODE

Comprendre le principe de l'expérience de Michelson et Morley

À la fin du XIXe siècle, on pense que la lumière se propage dans « l'éther » à la vitesse c et que la Terre y est animée d'une vitesse v. On réalise des interférences lumineuses à partir d'une source S et d'une lame semi-réfléchissante L placée à distance presque égale de deux miroirs.

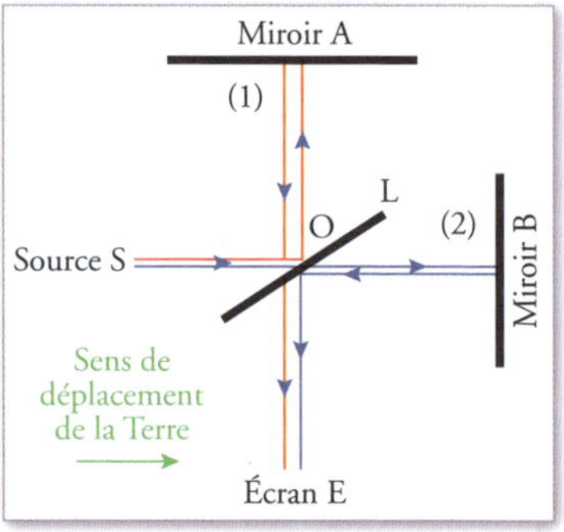

1. Pourquoi peut-on espérer observer des franges d'interférences ?

2. Dans le référentiel terrestre, on fait tourner le dispositif autour de l'axe vertical. Les franges ne se décalent pas. Pourquoi est-ce surprenant ?

CONSEILS

Les différents trajets n'ont pas tous la même longueur.

SOLUTION

1. Les trajets SO et OE sont effectués en des temps égaux par les rayons (1) et (2). En revanche, un déphasage (→ FICHE 8) se crée entre le rayon (1) sur le trajet OAO et le rayon (2) sur le trajet OBO car les distances ne sont pas exactement égales.

2. La vitesse de la lumière est c dans une direction et $c \pm v$ dans l'autre. Après rotation d'un angle α elle devient $c \pm v \sin \alpha$ et $c \pm v \cos \alpha$. Le déphasage entre OBO et OAO a varié, les franges devraient se décaler. Le phénomène n'ayant pas été observé, on considère que, quelle que soit l'orientation du dispositif, (1) et (2) se propagent toujours à la vitesse c, et que c et v ne se composent pas. Cette expérience a également permis de prouver que l'éther n'existe pas.

Découvrir la relativité du temps

36

QUIZ p. 77

RAPPELS DE COURS

1 Événement et temps propre

▶ Un **événement** est défini par ses coordonnées spatio-temporelles (date et trois coordonnées d'espace) dans un référentiel.

▶ Le temps mesuré, dans un référentiel donné R_0, est le **temps propre** dans R_0.

2 Dilatation des durées

▶ Si un référentiel R_1 se déplace à une vitesse v proche de la vitesse de la lumière par rapport à un référentiel R_0, la durée séparant deux événements n'est pas la même dans ces deux référentiels.

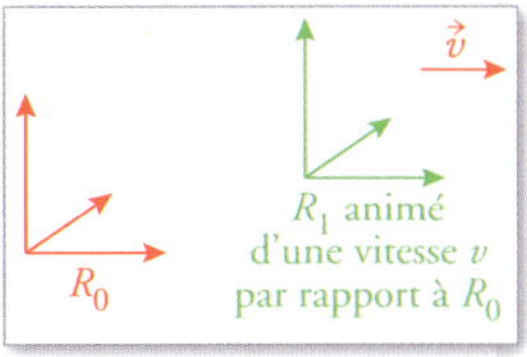

▶ Si $\Delta\tau$ est la **durée propre** mesurée dans R_1, alors Δt, durée mesurée dans R_0, est supérieure à $\Delta\tau$. On parle de **dilatation des durées** dans R_0.

$\Delta t = \gamma\Delta\tau$ où γ est le coefficient :

$$\gamma = \frac{1}{\sqrt{1 - \frac{v^2}{c^2}}}.$$

Durée mesurée dans R_0 > Durée mesurée dans R_1

▶ Cette relation se démontre en résolvant le système constitué des deux équations qui donnent les durées des trajets AB en tenant compte du fait que la lumière se déplace à la même vitesse c dans les deux référentiels.

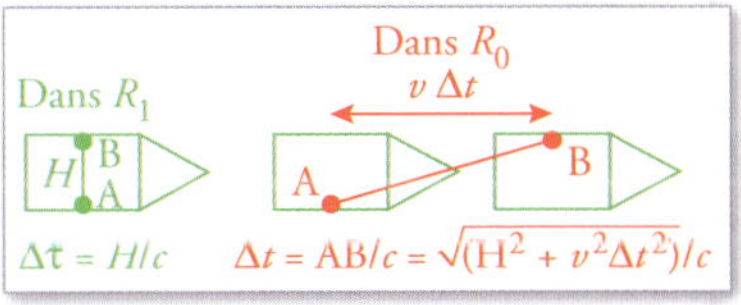

▶ Les durées mesurées dans R_0 et R_1 ne sont pas les mêmes, le temps ne s'y écoule pas de la même façon (→ FICHE 35) : on parle de **relativité du temps**. Ce phénomène ne se manifeste que lorsque v est suffisamment **proche de c** pour que γ soit différent de 1. (On retient souvent le critère $v > 0{,}1c$.)

3 Quelques preuves expérimentales

▶ Michelson et Morley constatent à la fin du XIXe siècle que la vitesse de la lumière n'obéit pas à la loi d'addition des vitesses (→ FICHE 35).

▶ Des muons cosmiques nous parviennent après avoir traversé l'atmosphère, alors que leur durée de vie propre est trop courte pour effectuer ce trajet.

MÉTHODE

Étudier la désintégration des muons cosmiques

Des muons issus du rayonnement cosmique traversent en permanence l'atmosphère (épaisseur 10 km) à la vitesse $v = 0{,}997c$. Ces particules sont instables : pour une population donnée, la moitié se désintègre au bout d'un temps $t_\mu = 2$ µs.

1. Montrer que dans le cadre classique presque aucun muon ne peut atteindre le sol avant de se désintégrer.

2. Qu'en est-il dans le cadre relativiste ?

Conseils

1. Comparer l'ordre de grandeur de l'épaisseur de l'atmosphère à la distance pouvant être parcourue par un nombre significatif de muons.

2. Évaluer la dilatation du temps.

Solution

1. Pendant une durée $\Delta\tau = 2\mu s$, un muon parcourt la distance $d = 0{,}997ct_\mu = 0{,}997 \times 3 \times 10^8 \times 2 \times 10^{-3} = 6 \times 10^2$ m.

La moitié des muons disparaît au bout de 600 m, il n'en reste plus que $\frac{1}{8}$ au bout de 1,2 km, $\frac{1}{16}$ au bout de 1,8 km, etc. Comme l'épaisseur des couches denses de l'atmosphère est de l'ordre de 10 km, presqu'aucun muon n'atteint le sol.

2. Dans le cadre relativiste, la durée moyenne de vie des muons, mesurée depuis le sol, n'est pas $\Delta\tau$, mais :

$$\Delta t = \frac{1}{\sqrt{1 - v^2/c^2}}\Delta\tau = \frac{1}{\sqrt{1 - (0{,}997/1)^2}}\Delta\tau = 13\Delta\tau.$$

Pendant Δt, ils parcourent 13 fois la distance calculée au 1. Au bout de 8 km ($13 \times 0{,}6 \approx 8$), il en reste donc encore la moitié et un quart après 16 km : certains peuvent atteindre le sol.

Quiz express 37

Cochez la ou les bonnes réponses.

Temps et relativité

1 Unités de temps et phénomènes astronomiques

☐ **a.** Le jour solaire est plus long que le jour sidéral.

☐ **b.** Le jour sidéral est évalué dans un référentiel dont les axes pointent vers trois étoiles fixes.

☐ **c.** Une seconde vaut $\frac{1}{86\,400}$ du jour solaire moyen parce que dans un jour il y a 86 400 secondes.

2 Des électrons très rapides

Des électrons sans vitesse initiale sont accélérés par une tension U.

On mesure expérimentalement leur vitesse pour différentes valeurs de U et on la compare aux vitesses attendues à partir de la formule théorique établie en mécanique classique.

Données : $e = -1{,}6 \times 10^{-19}$ C ; $m_{\text{électron}} = 9{,}1 \times 10^{-31}$ kg.

U en kV	4	50	500
$v_{exp}\,(10^3\ \text{km} \cdot \text{s}^{-1})$	37,5	125	260
$v_{attendue}\,(10^3\ \text{km} \cdot \text{s}^{-1})$	37,5	133	419

☐ **a.** On calcule la vitesse théorique des électrons grâce à la formule $v = \sqrt{\frac{m}{2eU}}$.

☐ **b.** Il y a une erreur dans l'application numérique réalisée pour calculer la vitesse attendue pour une tension de 500 000 V.

☐ **c.** Pour $U = 50\,000$ V, la vitesse mesurée est supérieure à 0,1c.

3 Expression littérale de γ

L'expression de γ montre qu'aucun corps ne peut être animé d'une vitesse supérieure à celle de la lumière.

☐ **a.** Vrai ☐ **b.** Faux

Corrigés !

Score : ... / 3

1 Unités de temps et phénomènes astronomiques

Fiche 34

a. Vrai. On voit sur le schéma de la fiche 34 que, parce que la Terre tourne autour du Soleil en même temps qu'elle tourne sur elle-même, le point doit effectuer un peu plus d'un tour pour se retrouver face au même point du Soleil.

b. Vrai. Par définition.

c. Vrai. Dans un jour il y a 24 heures de 60 minutes chacune composée de 60 secondes, c'est-à-dire $60 \times 60 \times 24 = 86\,400$ s.

2 Des électrons très rapides

Fiches 28 et 35

a. Faux. La vitesse d'un électron croît avec la tension. Donc l'expression de la vitesse donnée ne peut convenir.

Pour un électron donné, la conservation de l'énergie s'écrit :

$$E = E_{cin} + E_{pot} = \frac{1}{2}mv^2 + qU$$

à la cathode : $E(C) = E_{cin} = E_{pot} = 0 + (-e)0 = 0$

à l'anode : $E(A) = E_{cin} + E_{pot} = \frac{1}{2}mv^2 + (-e)U = E(C) = 0$

De la seconde relation, on tire $mv^2 = 2eU$, d'où $v = \sqrt{\frac{2eU}{m}}$.

b. Faux et **c. Vrai.** Il n'y a pas d'erreur dans l'application numérique mais la valeur 419×10^3 km · s^{-1} est supérieure à 300×10^3 km · s^{-1}, vitesse de la lumière, ce qui montre que l'on n'est pas dans le cadre de la mécanique classique : l'application de la formule établie dans le cadre classique aboutit à un résultat impossible. Cela n'est pas étonnant car la vitesse mesurée expérimentalement pour une tension de 50 000 V est de 125×10^3 km · s^{-1}.

Cela est bien supérieur à $0{,}1c = 30 \times 10^3$ km · s^{-1}, valeur à partir de laquelle on a l'habitude de considérer que l'on est dans le cadre relativiste.

Remarque : le critère $v > 0{,}1c$ ne doit être invoqué que lorsqu'il est évident que le calcul de γ n'est pas attendu.

3 Expression littérale de γ

Fiche 36

Réponse a. On ne peut calculer la racine carrée que d'un nombre positif. Il faut donc que $(1 - v^2/c^2)$ soit positif et donc que v^2/c^2 soit inférieur à 1 ce qui veut dire que v ne peut dépasser c.

Coder un signal

38

QUIZ p. 87

RAPPELS DE COURS

1 *La transmission de l'information*

▶ Une **information** correspond soit à un **signal analogique** dont l'amplitude varie de façon continue soit à un **signal digital** ou **numérique** dont l'amplitude ne peut prendre qu'un nombre discret de valeurs : 2^n valeurs différentes pour un codage binaire n bits.

▶ Un signal analogique peut être laissé sous cette forme pour une **transmission libre** par voie hertzienne (→ FICHE 5).

▶ Pour une **transmission guidée** filaire (→ FICHE 39), on le transforme en signal numérique. Cette opération est le **codage** ou **numérisation.**

Émetteur → Codage → Transmission → Décodage → Récepeur

2 *Les unités*

▶ **1 octet** (o) est composé de **8 bits.**

▶ On définit les multiples 1 Go = 10^9 o ; 1 Gio = 2^{30} o.
On note que 1 Go n'est pas tout à fait égal à 1 Gio ($2^{30} = 1{,}074 \times 10^9$).

▶ Le **débit** d'une ligne optique ou électrique s'exprime en bits.s^{-1}.

3 *Le codage : exemple des images numériques*

▶ Une image numérique est composée de **pixels.** À une image numérique noir et blanc en **niveaux de gris** est associé un tableau de nombres. Si le codage est réalisé en 8 bits, il existe $2^8 = 256$ niveaux de gris. Chacun est codé par un octet, de 0000 0000 (noir) à 11111111 (blanc).

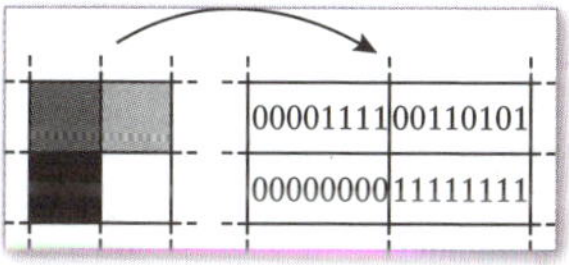

▶ Pour une image couleur, on associe trois octets à chaque pixel, chacun définissant le « niveau de gris » d'une des trois couleurs rouge, bleu et vert (codage RVB). La superposition des trois couleurs donne, par synthèse additive, la couleur du pixel.

▶ On retient que R + B = magenta ; R + V = jaune, B + V = cyan.

Calculer la taille d'une image

Une image couleur a une résolution de 640×480 pixels.

1. Calculer la taille de cette image en Mibits. (1 Mibit = 2^{20} bits).

2. Le débit d'un câble est de 100 Mbits/s. Est-ce suffisant pour une vidéo (25 images/s) ?

Conseils

Se rappeler qu'un pixel nécessite 1 octet par couleur primaire.

Solution

1. L'image résulte de la superposition de trois images en dégradés de chacune des couleurs primaires. Un pixel sera codé par 1 octet par couleur, soit 24 bits. L'image totale a une taille de $640 \times 480 \times 24 = 7\,372\,800$ bits ce qui correspond à $640 \times 480 \times 24/2^{20} = 7$ Mibits.

2. En 1 seconde, le câble transmet 100 Mbits. La taille d'une image est de $640 \times 480 \times 24$ bits. En 1 seconde le câble transmet donc $100 \times 10^6/640 \times 480 \times 24 = 13{,}6$ images.

Pour une vidéo, c'est insuffisant : il faudrait que les images soient compressées.

Comprendre le codage d'une image

On s'intéresse à une image composée, pour simplifier, de trois pixels de couleur respective « vert d'eau », « rouge » et « jaune ». Elle est obtenue par superposition de trois images, la première en « dégradé de rouge », la deuxième en « dégradé de vert » et la troisième en « dégradé de bleu ».

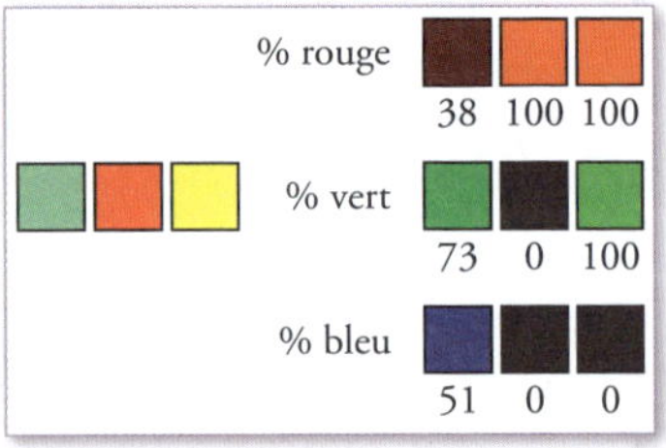

Expliquer ce que signifie l'indication des pourcentages.

Solution

Le « vert d'eau » est obtenu par l'allumage à 38 % du pixel rouge, à 73 % du pixel vert et à 51 % du pixel bleu. Le rouge est obtenu par allumage à 100 % du seul pixel rouge. Le jaune par allumage à 100 % du pixel rouge et du pixel vert.

Transmettre un signal

39

QUIZ p. 87

RAPPELS DE COURS

1 Les lois de Snell-Descartes

▶ Une onde **lumineuse** se propage à la vitesse $v = \frac{c}{n}$ dans un milieu transparent d'indice n.

▶ À la traversée de la surface de séparation entre deux milieux, le rayon suit les **lois de Snell-Descartes** (voir schéma).

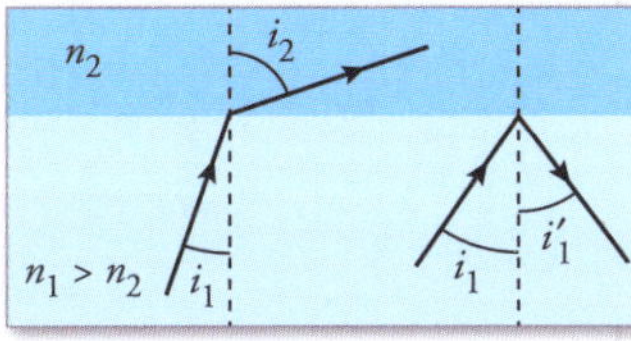

▶ Si $i_1 < i_{\text{limite}}$: $n_1 \sin i_1 = n_2 \sin i_2$ avec $i_2 > i_1$ car $n_2 < n_1$.
Si $i_1 > i_{\text{limite}}$ il y a **réflexion totale** et $i'_1 = i_1$.

2 La transmission filaire optique

▶ Une fibre optique est constituée d'un cœur d'indice plus élevé que la gaine (voir schéma) de telle sorte que la fibre peut constituer un guide si le signal lumineux se réfléchit totalement sur la surface qui sépare le cœur de la gaine.

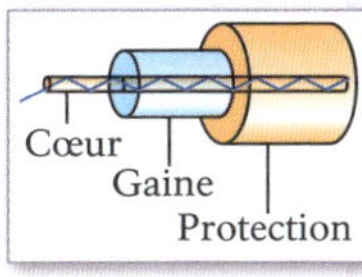

▶ Dans une fibre monomode, le cœur est très petit et la lumière ne peut que suivre la direction principale de la fibre.

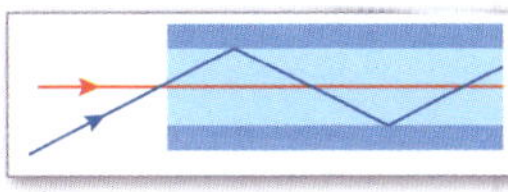

Les rayons entrés simultanément dans une fibre multimode de plus grand diamètre parcourent des chemins différents appelés modes : il y a étalement du signal. La qualité de réception est moindre.

3 Les caractéristiques de la transmission

On peut évaluer l'affaiblissement d'un signal transmis entre deux points M_0 et M_1 en calculant le coefficient d'atténuation A :

$$A = 10 \log \frac{P_1}{P_0}$$

P_1, puissance en M_1 et P_0, puissance en M_0 en watts (W)
A en décibels (dB)

MÉTHODES

Calculer l'angle d'acceptance d'une fibre

Une fibre est composée d'une gaine d'indice $n_2 = 1{,}40$ et d'un cœur d'indice $n_1 = 1{,}52$. Déterminer l'angle d'acceptance α (angle maximal entre un rayon incident et l'axe de la fibre).

CONSEILS

i_{lim} est défini par rapport à la normale à l'axe de la fibre.

SOLUTION

La loi de Descartes s'écrit $n_1 \sin i_1 = n_2 \sin i_2$. La valeur d'une fonction sinus ne peut dépasser 1. À la limite $(n_1\ /\ n_2)\ \sin i_{\text{lim}} = 1$ avec $\alpha = 90 - i_{\text{lim}}$.

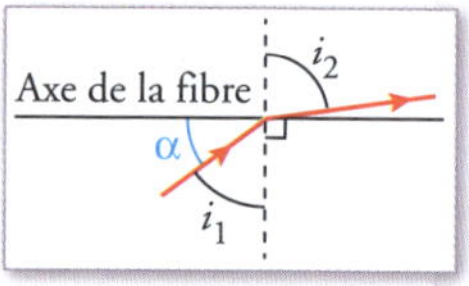

D'où $i_{\text{lim}} = \text{Arcsin}\,1(40\ /\ 1{,}52) = 67$.

Cela correspond à un angle d'acceptance $\alpha = 90° - 67° = 23°$.

Comprendre le principe d'une fibre optique

Une fibre optique de 230 µm de diamètre total est composée d'un cœur de silice très pure de 10 µm de diamètre, d'une gaine de silice de moins bonne qualité optique de 50 µm de diamètre et d'une protection en plastique.

1. Calculer l'épaisseur de la protection. Comparer au diamètre du cœur. Le schéma du recto de la fiche est-il à l'échelle ? Conclure.

2. La gaine peut être de moindre qualité. Pourquoi ?

3. Il faut amplifier le signal lorsqu'il y a moins de 1 % de la puissance initiale. Quel est le coefficient d'atténuation correspondant ?

SOLUTION

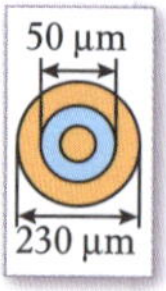

1. L'épaisseur de la protection vaut $\dfrac{(230 - 50)}{2} = 90$ µm, soit près de 10 fois le diamètre du cœur. Le schéma n'est pas à l'échelle. Le cœur est en réalité très petit.

2. La gaine provoque la réflexion d'un rayon incident vers le cœur de la fibre mais le signal ne doit pas s'y propager. Sa qualité a moins d'importance que celle du cœur.

3. $A = 10 \log \left[\dfrac{(P_0/100)}{P_0}\right] = 10 \log\left(\dfrac{1}{100}\right) = 10 \times (-2) = -20$ dB.

Convertir un signal analogique en signal numérique

40

? QUIZ p. 87

RAPPELS DE COURS

1 La conversion analogique-numérique

▶ L'amplitude d'un **signal analogique** varie de façon continue.

▶ L'amplitude d'un **signal digital** ou **numérique** ne peut prendre qu'un nombre discret de valeurs (→ FICHE 38).

▶ Pour transmettre un signal analogique par câble électrique ou fibre optique il faut le convertir en un signal numérique (→ FICHE 38).

2 L'échantillonnage

▶ On mesure la valeur du signal à intervalles de temps réguliers $T_é$ (**période d'échantillonnage**). Le dispositif utilisé bloque le signal pour la durée de la mesure ; on parle d'échantillonneur-bloqueur.

▶ Le nombre d'échantillons réalisés par seconde est la **fréquence d'échantillonnage $f_é$**. Plus elle est grande, moins on perd d'information.

▶ Si f_s est la fréquence du signal, il est nécessaire que :

$$f_é > 2f_s$$ (théorème de Shannon).

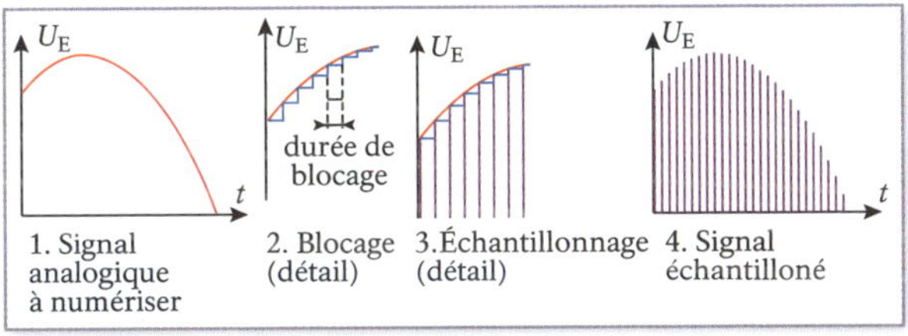

1. Signal analogique à numériser
2. Blocage (détail)
3. Échantillonnage (détail)
4. Signal échantilloné

3 Quantification et numérisation

▶ Les valeurs du signal échantillonné sont arrondies à la plus proche des 2^n valeurs possibles. C'est la **quantification**.

▶ Ces valeurs sont codées en binaire. C'est la **numérisation**.

EXEMPLE Si U est comprise entre la 6ᵉ et la 7ᵉ valeur possible et est plus proche de la 7ᵉ, elle est numérisée en binaire par le nombre 111 $\left(1 \times 2^2 + 1 \times 2^1 + 1 \times 2^0 = 7\right)$.

MÉTHODES

Comprendre l'influence de la fréquence d'échantillonnage

On échantillonne un signal sinusoïdal. La période $T_é$ est à peine plus faible que la période T_s du signal.

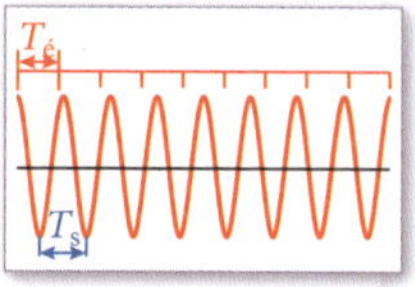

1. Échantillonner le signal à la main.

2. Pourquoi l'information concernant la période va-t-elle être perdue à la réception ?

CONSEILS

1. Supposer que le 1er point de la courbe correspond à $t = 0$. Le 2e correspond à la valeur prise par le signal à $t = T_é$, le troisième à la valeur pour $t = 2T_é$, etc.

2. À la réception on ne dispose que des valeurs obtenues lors des différents pointages pour reconstituer le signal.

SOLUTION

1. On pointe la valeur du signal à intervalles de temps égaux, séparés de $T_é$.

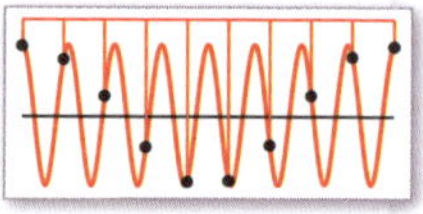

2. Le signal numérique transmis correspond à la suite de valeurs représentée par les points noirs du graphique. À la réception, ces points vont être reliés entre eux lors de la conversion numérique-analogique : le signal transmis aura donc une période T_t plus grande que celle du signal à transmettre (T_s).

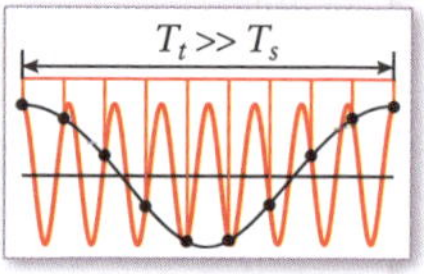

La numérisation peut modifier un spectre

Si le théorème de Shannon n'est pas respecté ($f_é > 2f_s$), on dit qu'il y a « repliement de spectre » lors de l'échantillonnage. Justifier cette expression.

SOLUTION

Imaginons un signal sinusoïdal. Si la fréquence d'échantillonnage $f_é$ n'est pas suffisamment grande devant f_S, il s'agit du cas ci-dessus où $T_t \gg T_s$ et donc $f_t \ll f_s$.

Pour un signal quelconque, superposition de sinusoïdes, les fréquences les plus hautes du spectre (→ FICHE 4) ne sont pas transmises et on parle de repliement de spectre.

Découvrir le laser

41

QUIZ p. 87

RAPPELS DE COURS

1 Émission spontanée

Des atomes excités se désexcitent pour revenir à des états d'énergie inférieurs (→ FICHE 11). Les ondes lumineuses ainsi produites sont déphasées aléatoirement, elles sont incohérentes et ne peuvent interférer (→ FICHE 8).

2 Émission stimulée : laser

▶ Pour obtenir une émission **cohérente**, il faut provoquer des désexcitations en phase. Le mot « LASER » signifie *Light* (lumière) *Amplification* (amplification) *Stimulated* (stimulée) *Emission* (émission) *Radiation* (radiation).

▶ Une première excitation (**pompage optique**) amène les atomes dans un état d'énergie élevée. Ils se désexcitent spontanément vers l'état métastable où ils vont rester « suffisamment » longtemps (~ 1 ms !). Il y a alors davantage d'atomes dans cet état que dans l'état fondamental : on parle d'**inversion de population**.

▶ Un photon de fréquence convenable **stimule** alors la désexcitation correspondant à l'émission d'un autre photon de même fréquence.

▶ **Amplification** de l'onde lumineuse : deux miroirs dont l'un est semi-transparent sont placés aux extrémités du laser. À la sortie, une partie de l'onde émise se réfléchit et provoque l'émission d'autres photons de même fréquence.

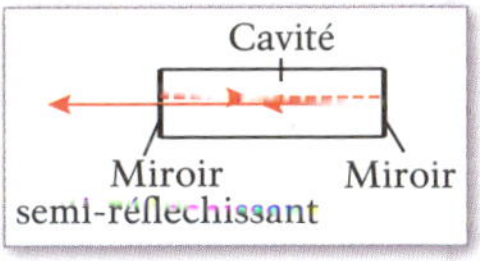

3 Gravure et lecture des CD et DVD

▶ Un disque comporte une surface réfléchissante en polycarbonate d'indice $n > 1$ dans lequel est gravée une piste constituée d'**alvéoles**. On nomme **creux** le fond de l'alvéole et **plat** les espaces entre les alvéoles.

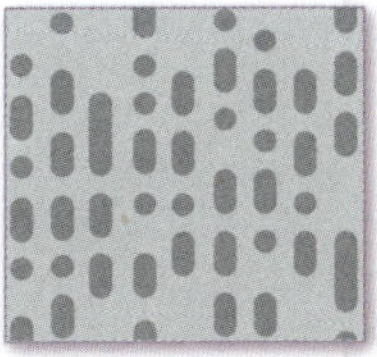

▶ La piste est éclairée par un laser de faible **ouverture numérique** (faible diamètre) qui se réfléchit sur la couche métallisée. Au passage des alvéoles devant le faisceau, on observe **des interférences constructives** ou **destructives** (→ FICHE 8) selon l'épaisseur de polycarbonate traversée.

▶ Le passage d'un creux à un plat ou d'un plat à un creux est codé 1 (interférences destructives). Si le faisceau est entièrement réfléchi par un creux ou un plat, on code 0 (interférences constructives).

▶ La diffraction (→ FICHE 9), qui se manifeste si la longueur d'onde du laser est de l'ordre de la taille des alvéoles, limite la capacité de stockage des disques.

MÉTHODE

Évaluer le nombre de spires d'un CD

On utilise une diode laser de longueur d'onde 780 nm pour lire un CD. Les alvéoles ont une profondeur de 0,167 µm et une largeur de 0,67 µm. Le CD est gravé sur environ 5 cm de large et les pistes sont écartées d'une distance de 1,6 µm. L'indice du polycarbonate est $n = 1{,}55$.

1. À quel domaine des ondes E. M. l'onde émise par le lecteur appartient-elle ?

2. Calculer la longueur d'onde λ dans le polycarbonate.

3. Évaluer le nombre de pistes que l'on peut graver sur le disque.

CONSEILS

1. Il faut retenir que les limites du visible sont 400 nm et 800 nm.

2. λ dépend de n. La vitesse de la lumière dans le polycarbonate vaut $v = \dfrac{c}{n}$.

SOLUTION

1. La longueur d'onde 780 nm est à la limite de l'infrarouge.

2. $\lambda_{\text{polycarbonate}} = vT = \dfrac{c}{n}T = \dfrac{cT}{n} = \dfrac{\lambda_{\text{vide}}}{n} = \dfrac{0{,}780}{1{,}55} = 0{,}503\ \text{nm}$.

3. Il s'agit en fait d'une seule piste en spirale et non de cercles concentriques. Une piste fait 0,67 µm de large et est espacée de 1,67 µm de la suivante. Sur les 5 cm utiles du CD on grave environ :

$$\frac{5\times10^{-2}}{(1{,}6+0{,}67)\times10^{-6}} = 2{,}2\times10^{4}\ \text{pistes (20 000 spires).}$$

Quiz express

42

Cochez la ou les bonnes réponses.

Transmettre et stocker l'information

1 Le codage 8 bits

Dans un codage 8 bits de niveaux de gris on peut distinguer :

- ☐ **a.** 8 niveaux de gris différents
- ☐ **b.** 256 niveaux de gris différents
- ☐ **c.** 64 niveaux de gris différents

2 La taille d'une image

La taille d'une image 2 032 × 1 524 est :

- ☐ **a.** 3 096 768 bits
- ☐ **b.** 74 322 432 bits
- ☐ **c.** 9,3 Mo
- ☐ **d.** 8,9 Mio
- ☐ **e.** 9,7 Mio

3 La fibre optique

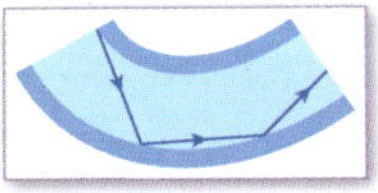

Le schéma ci-contre illustre une situation où :

- ☐ **a.** la fibre est multimode
- ☐ **b.** le signal transporté par la fibre optique est peu atténué
- ☐ **c.** le signal transporté par la fibre est très atténué
- ☐ **d.** le signal transporté par la fibre est déformé

4 La lecture d'un disque à l'aide d'un faisceau laser

Le passage d'un creux à un plat ou d'un plat à un creux est codé 1. Si le faisceau est entièrement réfléchi par un creux ou un plat, on code 0.

- ☐ **a.** Le 0 correspond à des interférences constructives.
- ☐ **b.** Le 1 correspond à des interférences constructives.

5 Le danger du laser

Un laser est dangereux parce que :

- ☐ **a.** il émet dans l'UV qui est un rayonnement très puissant
- ☐ **b.** le faisceau est étroit et beaucoup d'énergie se trouve concentrée sur une petite surface

Corrigés !

Score : … / 5

1 *Le codage 8 bits*

Fiche 38

Réponse b. On peut distinguer $2^8 = 256$ niveaux de gris : 00000000 ; 00000001 ; 00000010 ; 00000011, etc.

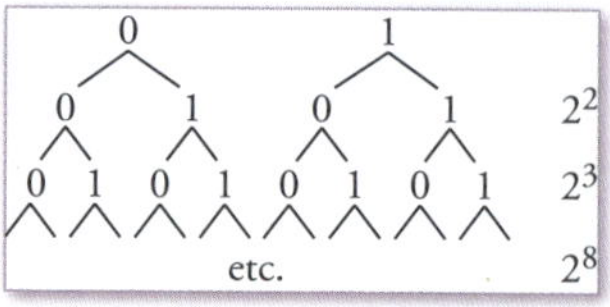

2 *La taille d'une image*

Fiche 38

Réponses b., c. et d. La taille d'une image $2\,032 \times 1\,524$ est $2\,032 \times 1\,524 \times 24 = 74\,322\,432$ bits car il y a 24 bits pour coder chaque pixel (3 couleurs, chacune étant codée par 8 bits).

Cela correspond à $\dfrac{2\,032 \times 1\,524 \times 24}{8} = 9{,}3 \times 106$ o $= 9{,}3$ Mo

ou encore à $\dfrac{2\,032 \times 1\,524 \times 24}{220} = 8{,}9$ Mio.

3 *La fibre optique*

Fiche 39

a. Vrai. La fibre est multimode car elle semble avoir un diamètre suffisant pour que plusieurs trajets soient possibles.

b. Faux et c. Vrai. Le signal est très atténué car la fibre est courbée : le rayon est donc plus proche de la normale à la surface de séparation (ou plus loin de l'axe optique) qu'il n'est prévu et il n'y aura pas réflexion totale : une partie du signal va entrer et être absorbé dans la gaine de moins bonne qualité.

d. Vrai. Le signal transmis est déformé car les chemins sont de longueurs différentes ce qui entraîne des déphasages.

4 *La lecture d'un disque à l'aide d'un faisceau laser*

Fiche 41

a. Vrai. Si le faisceau est entièrement réfléchi par un creux ou un plat (codage 0), il n'y a pas de déphasage ; les interférences sont constructives.

b. Faux. Le passage d'un creux à un plat ou d'un plat à un creux est codé 1. Une partie du faisceau est réfléchi au fond du creux, l'autre en haut du plat : il y a déphasage entre deux parties du faisceau. Les interférences sont destructives.

5 *Le danger du laser*

Fiche 41

Réponse b. Le faisceau d'un laser est étroit et beaucoup d'énergie se trouve concentrée sur une petite surface.

Déterminer les units et les dimensions

43

RAPPELS DE COURS

1 *Définition*

▶ L'écriture $[X]$ signifie « dimension de X », où X est une grandeur. La dimension $[X]$ permet de trouver l'unité dans laquelle la grandeur s'exprime.

EXEMPLE La dimension d'une surface est une longueur au carré. $[\text{surface}] = [\text{longueur}] \times [\text{longueur}] = [\text{longueur}]^2$. L'unité de surface est le m^2.

▶ Les **coefficients scalaires** qui interviennent dans une expression sont sans dimension.

EXEMPLE $E_c = \frac{1}{2} m v^2$. Le coefficient $\frac{1}{2}$ est sans dimension, donc :

$$[\text{énergie cinétique}] = [\text{masse}] \times [\text{vitesse}]^2$$
$$= [\text{masse}] \times [\text{longueur}]^2 \times [\text{temps}]^{-2}.$$

L'unité d'énergie est $kg \cdot m^2 \cdot s^{-2}$.

2 *Dérivée d'une autre grandeur*

De la définition de la dérivée f' d'une fonction f par rapport au temps, notée $\frac{df}{dt}$, on déduit : $[f'] = [f] \times [\text{temps}]^{-1}$.

EXEMPLE $a = \frac{dv}{dt}$; $[\text{accélération}] = [\text{vitesse}] \times [\text{temps}]^{-1}$
$$= [\text{longueur}] \times [\text{temps}]^{-2}.$$

L'unité d'accélération est le $m \cdot s^{-2}$.

3 *Unités usuelles*

▶ Il est parfois donné un nom aux unités un peu « longues ».

EXEMPLE $1\ kg \cdot m^2 \cdot s^{-2} = 1\ J$ (joule).

▶ Le nom de l'unité doit être écrit sans majuscule. Il s'accorde.

EXEMPLE Dix joules.

▶ Si l'unité a été donnée en hommage à un scientifique la première lettre de l'abréviation s'écrit avec une majuscule.

EXEMPLE 50 Hz (Heinrich Hertz) ; 90 N (Isaac Newton).

MÉTHODES

Exprimer une même grandeur dans différentes unités

1. E, champ électrique, peut s'exprimer en :

☐ **a.** $V \cdot m^{-1}$ ☐ **b.** $N \cdot C^{-1}$

2. g, intensité de la pesanteur, peut s'exprimer en :

☐ **a.** $m \cdot s^{-2}$ ☐ **b.** $J \cdot m^{-2}$

CONSEILS

Rechercher des « formules » faisant intervenir E pour la question 1, et des « formules » faisant intervenir g pour la question 2.

SOLUTION

1. a. Vrai. $U = Ed$ donc E en $V \cdot m^{-1}$ (→ FICHE 18).

b. Vrai. $F = qE$ donc E en $N \cdot C^{-1}$ (→ FICHE 18).

2. a. Vrai. L'accélération (unité $m \cdot s^{-2}$), pour un mouvement dans le champ de pesanteur, est g (→ FICHE 22).

b. Vrai. $W_{poids} = mgh$, donc $g = \frac{W_{poids}}{mh}$. Unité : $J \cdot m^{-2}$.

REMARQUE g s'exprime aussi en $N \cdot kg^{-1}$ (*cf.* $P = mg$).

Déterminer la dimension d'une grandeur

On définit $X = \sqrt{\frac{GM_A}{R}}$ où G est la constante de gravitation, M_A a la dimension d'une masse et R celle d'une distance. Déterminer $[X]$.

SOLUTION

La 2e loi de Newton permet d'écrire que :

[force] = [masse] × [accélération].

Or $F_{Astre/m} = \frac{GM_A m}{R^2}$ donc $\left[\frac{GM_A}{R^2}\right] = $ [accélération].

$$\text{D'où} \left[\frac{GM_A}{R}\right] = [\text{longueur}] \times [\text{temps}]^{-2} \times [\text{longueur}]$$

$$= [\text{longueur}]^2 \times [\text{temps}]^{-2}$$

Et finalement :

$$[X] = \left[\sqrt{\frac{GM_A}{R}}\right] = [\text{longueur}] \times [\text{temps}]^{-1} = [\text{vitesse}].$$

X est la vitesse d'un satellite en mouvement circulaire uniforme autour de l'astre, situé à la distance R du centre de l'astre (→ FICHE 24).

Exprimer un résultat

44

RAPPELS DE COURS

1 Notation scientifique et précision

▶ Une valeur numérique est donnée par un **nombre** qui s'écrit avec des **chiffres** (des **caractères**). Les nombres entiers inférieurs à 10 s'écrivent à l'aide d'un seul chiffre.
En **notation scientifique**, la valeur numérique est exprimée avec un chiffre avant la virgule et elle est suivie de la puissance de 10 convenable. Une exception : on n'écrit pas 10^0 qui vaut 1.
EXEMPLE En notation scientifique, le nombre 654 s'écrit $6{,}54 \times 10^2$; le nombre 0,00230 s'écrit $2{,}30 \times 10^{-3}$ et 3 s'écrit 3.

▶ La **précision** d'une mesure dépend de l'instrument utilisé.
Elle est donnée par le nombre de chiffres significatifs utilisés pour exprimer le résultat de la mesure.
$T = 2{,}3$ s signifie : $2{,}25\text{ s} < T < 2{,}34\text{ s}$.
$T = 2{,}32$ s signifie : $2{,}315\text{ s} < T < 2{,}324\text{ s}$.

▶ Lors de la mesure d'une grandeur X, on peut commettre une **erreur absolue** ΔX dont l'origine est variée (temps de réaction de l'expérimentateur, qualité de l'instrument, etc.) Il en résulte une **erreur relative** $\frac{\Delta X}{X}$ d'autant plus élevée que les ordres de grandeurs de ΔX et X sont proches.

2 Chiffres significatifs

▶ Chaque chiffre doit avoir un « sens physique ».
EXEMPLE Si 30,1 s est la durée totale de 13 périodes d'un pendule simple, mesurée avec un chronomètre, la période vaut : $T = \frac{30{,}1}{13} = 2{,}32$ s. Cela n'aurait aucun sens d'écrire $T = 2{,}3153$ s (précision au 10 millième de seconde).

▶ Un résultat est donné avec autant de précision que la **donnée la moins précise** de l'énoncé.
EXEMPLE Le résultat 2,32 s est donné avec trois chiffres significatifs (CS), comme la donnée la moins précise (30,1) . En effet, 13 est un nombre entier sur lequel il est admis qu'on ne fait pas d'erreur relative.

MÉTHODE

Effectuer une mesure avec précision

Des élèves veulent déterminer la période T d'un pendule simple (→ FICHE 25).

1. Ils mesurent d'abord la durée qui sépare deux passages successifs dans le même sens par la position d'équilibre. Ils réalisent plusieurs fois la mesure, et concluent que $T = 2,3$ s. Ils évaluent alors l'erreur absolue à $\Delta T = 0,1$ s. Que pensez-vous de ce choix ?

2. Ils décident ensuite de mesurer la durée de plusieurs périodes. Ils obtiennent le résultat : $13T = 29,1$ s. Comment vont-ils déterminer T ? Cette méthode est-elle préférable à la précédente ?

Conseils

1. Rechercher les causes d'erreur et si l'on peut améliorer la qualité de la mesure au point que l'erreur absolue vaille un dixième de seconde.

2. On peut comparer les erreurs relatives pour les deux méthodes.

Solution

1. La qualité de la mesure dépend de la précision du chronomètre (justesse : la valeur affichée est juste ; répétabilité : pour une même durée, il affiche toujours la même valeur) et du temps de réaction t_r de l'expérimentateur. On peut diminuer t_r en s'entraînant à trouver plusieurs fois de suite la même valeur pour la durée d'un aller-retour du pendule. Obtenir toujours la même valeur, à 0,1 s près, est un objectif difficile à atteindre…

2. Si l'on mesure la durée correspondant à plusieurs périodes, ici 13, on augmente la précision de la mesure. On peut supposer que les élèves comptent de façon certaine jusqu'à 13 sans se tromper. Avec le même chronomètre et le même « entraînement » l'erreur absolue va donc rester la même que pour la mesure d'une seule période. L'erreur relative va diminuer. En langage courant on dirait que « se tromper de 0,1 s quand on mesure 29,1 s est moins grave que se tromper de 0,1 s quand on mesure 2,3 s ». Mathématiquement, on calcule les erreurs relatives :

Pour la première expérience : $\dfrac{\Delta T}{T} = \dfrac{0,1}{2,3} = 4\ \%$

Pour la seconde expérience : $\dfrac{\Delta T}{T} = \dfrac{0,1}{\left[\dfrac{29,1}{13}\right]} = 0,3\ \%$

1 Puissances de 10

- $a \times 10^x \times b \times 10^y = a \times b \times 10^{x+y}$
- $\dfrac{a \times 10^x}{b \times 10^y} = \dfrac{a}{b} \times 10^{x-y}$

2 Fonction logarithme décimal

a et b sont des réels strictement supérieurs à 0.
x est un réel quelconque.

- $\log(10^x) = x$
- $\log(a \times b) = \log a + \log b$ et $\log \dfrac{a}{b} = \log a - \log b$

3 Échelles logarithmiques

- On compare X à une valeur de référence X_0 :

$$Y = a \log \frac{X}{X_0}$$

Y est sans dimension mais peut avoir une unité (souvent le décibel : dB).

- Si X double, Y augmente de $a \log 2$ (soit 3 unités si $a = 10$).

4 Angles

$$\theta = \frac{\overset{\frown}{AB}}{R}$$

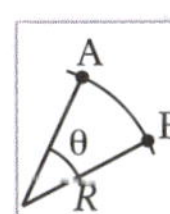

$$\left.\begin{aligned} \tan\theta &= \frac{AB}{OB} \\ \sin\theta &= \frac{AB}{OA} \end{aligned}\right\} \text{ pour de petits angles : } \theta \approx \frac{AB}{OB} \text{ ou } \frac{AB}{OA}$$

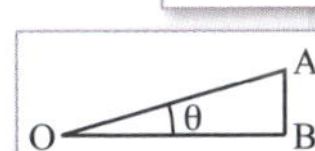

5 Droites

- Soit la droite d'équation $y = kx + b$.
– Si $b = 0$, la droite passe par l'origine.
– Si $b \neq 0$, la droite ne passe pas par l'origine (FIG. 1 ET 2). La

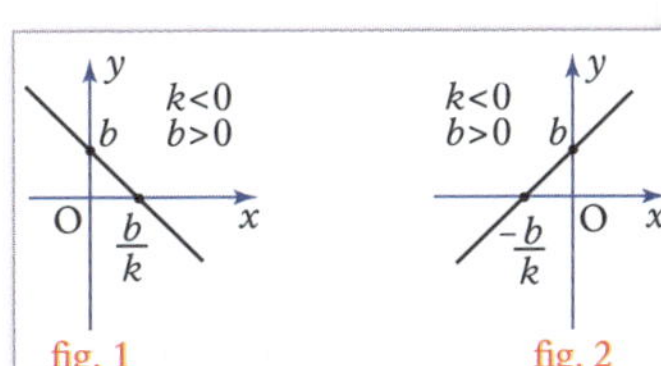

fig. 1 fig. 2

droite coupe l'axe (Oy) au point d'ordonnée b et l'axe (Ox) au point d'abscisse $-\frac{b}{k}$.

▶ Coefficient directeur $k = \frac{y_A - y_B}{x_A - x_B}$

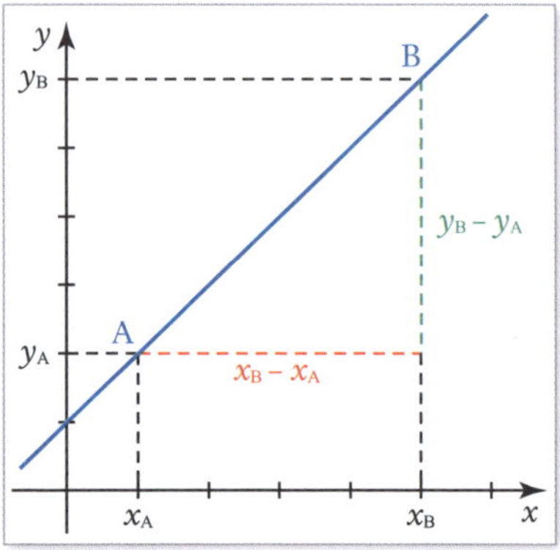

6 *Traitement statistique*

Soit le tableau du nombre N d'élèves ayant obtenu la note X.

X	0	1	2	3	4	5	6	7	8	9	10
N	1	2	1	1	3	4	5	2	1	2	2

▶ **Taille de l'échantillon** : 24 (nombre d'élèves).

▶ **Médiane** : Me = 5,5 (12 élèves au-dessous de cette note et 12 élèves au-dessus).

▶ **Moyenne** : $\overline{x} = 5,4$ à 10^{-1} près.

$$\overline{x} = \frac{1\times0+2\times1+1\times2+1\times3+3\times4+4\times5+5\times6}{24} + \frac{2\times7+1\times8+2\times9+2\times10}{24} = 5,375$$

▶ **Variance** : $V \approx 7,5$ (moyenne des carrés des écarts à la moyenne) :
Moyenne de :

$[(0-5,375)^2 ;\ (0-5,375)^2 ;\ 2(1-5,375)^2 ;$
$(2-5,375)^2 ;\ (3-5,375)^2 ;\ 3(4-5,375)^2 ;$ etc.$]$

Écart-type : $\sigma \approx 2,7$ (racine carrée de la variance).

1 Tracer un vecteur vitesse

À partir d'un pointage vidéo (25 images par seconde soit $t = \dfrac{1}{25} = 0,040$ s) ou d'un enregistrement du mouvement d'un mobile sur coussin d'air (40 ms entre deux étincelles) :

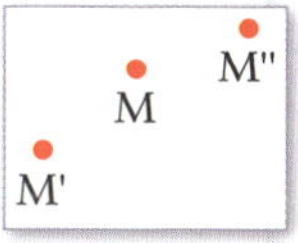

- Mesurer par pointage vidéo, faire calculer à partir des coordonnées ou mesurer à la règle M′M″ : M′M″=1,6 cm.
- Faire calculer ou calculer v : $v = \dfrac{M'M''}{2\tau} = \dfrac{1,6}{0,08} = 20 \text{ cm} \cdot \text{s}^{-1}$.
- Faire tracer à l'écran, ou tracer à la main, la trajectoire en reliant finement au crayon les points M′, M et M″ par une courbe (fonction « lissage ») et non des segments de droite.
- Faire tracer ou tracer à la main le vecteur vitesse en M, tangent à la trajectoire, orienté dans le sens du mouvement. (Longueur de 1 cm si l'échelle est de 1 cm pour 20 cm · s^{-1}.)

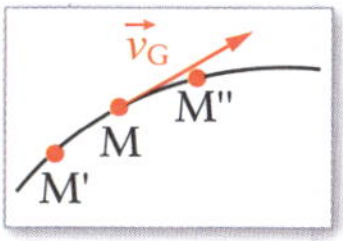

2 Mesurer un retard

Un haut-parleur émet une salve d'ultrasons. On relie deux microphones A et B aux deux voies d'un oscilloscope à mémoire (base de temps 0,20 ms/div).

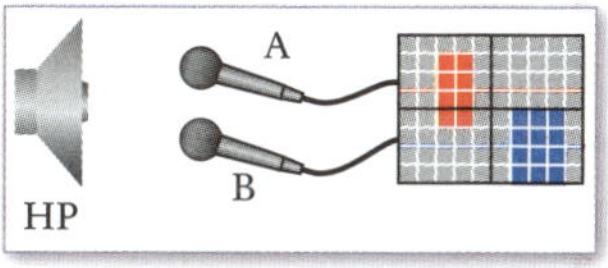

Les deux signaux sont séparés de 2 divisions :
$2 \times 0,20 = 0,40$ ms.
Le signal de la voie B est en retard de 0,40 ms sur celui de la voie A.

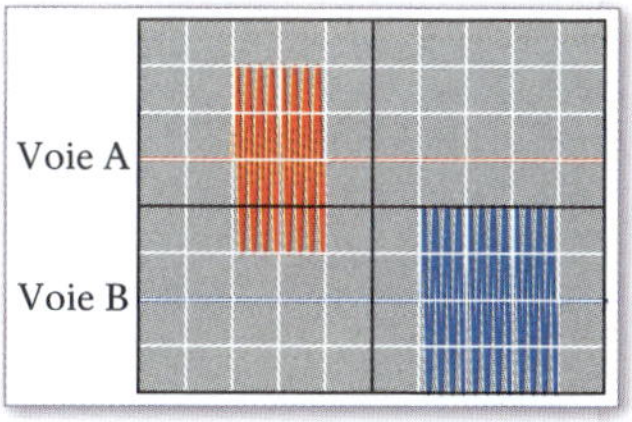

On peut également relier les microphones à deux entrées d'une interface permettant un traitement informatique des signaux situés. La lecture de la valeur du retard se fait par pointage ou directement à partir de l'échelle en abscisse.

3 *Comparer des sons différents*

On suppose que quatre enregistrements ont été réalisés avec les mêmes réglages.

Les sons 1, 2 et 4 ont la même période. Leur hauteur est donc la même : ils correspondent à la même note (note la_3 si $f = \frac{1}{T} = 440$ Hz).

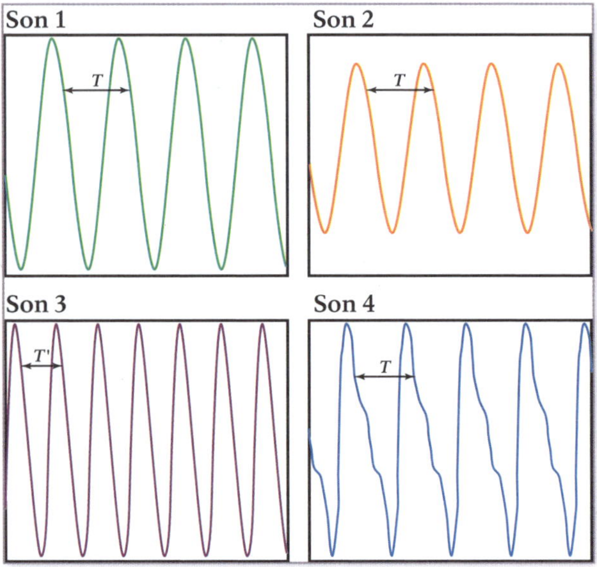

Le son 2 a une amplitude plus faible que le son 1, mais il a la même période et la forme du signal est identique : il s'agit du même son que le son 1 ; il est simplement joué plus « doucement ».

Le son 4 n'a pas la même forme que le son 1 ; les instrumentistes 1 et 4 ne disposent pas du même instrument, ou bien ils s'en servent différemment. Le son 1 est une sinusoïde ; c'est un son « pur » (il ne comporte que l'harmonique fondamentale). Le son 4 présente au moins deux harmoniques car il n'est pas sinusoïdal.

Le son 3 a une période T' inférieure à T donc une fréquence f' plus élevée que f ; il est plus aigu que les trois autres.

Achevé d'imprimer par L.E.G.O. S.p.A. – Lavis (TN) – Italie
Dépôt légal : 04434-0/01 – Novembre 2017

Mouvements particuliers (suite)

Mouvements dans le champ uniforme $\vec{g}$

Accélération

$$\sum \vec{F} = \frac{\mathrm{d}\vec{p}}{\mathrm{d}t} = m\vec{a} = m\vec{g} \text{ d'où } \vec{a} = \vec{g}$$

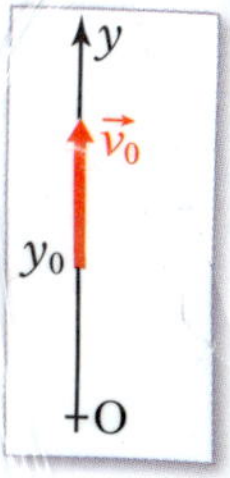

Cas d'une vitesse initiale verticale

Si la vitesse initiale est verticale, le mouvement se fait selon cet axe. Avec les orientations du schéma :
$y = -\frac{1}{2}gt^2 + v_0t + y_0$

v_0 est positive si la vitesse initiale est orientée vers le haut, v_0 est négative si la vitesse initiale est orientée vers le bas.

Cas d'une vitesse initiale inclinée sur l'horizontale

$x = v_0 \cos\alpha t$ et $y = -\frac{1}{2}gt + (v_0 \cos\alpha)t$

$y = -\frac{1}{2}g\frac{x^2}{v_0^2\cos^2 a} + x\tan\alpha$

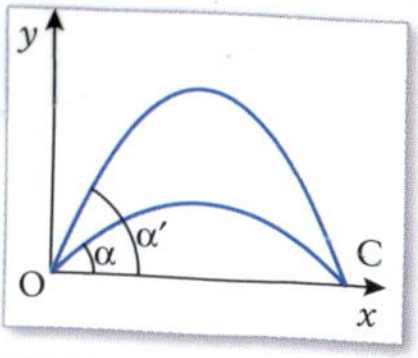

Pour une même vitesse initiale v_0, deux angles α et α' permettent d'atteindre la cible C, et on a $\alpha + \alpha' = \frac{\pi}{2}$

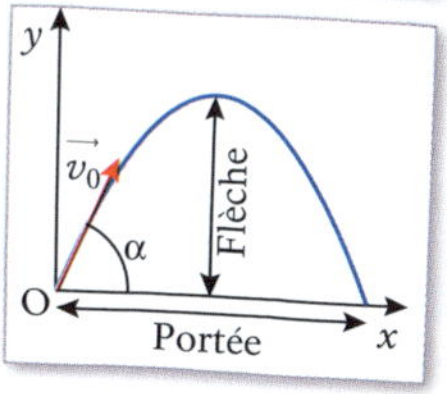

On définit la **flèche** $\frac{v_0^2 \sin^2\alpha}{2g}$

et la **portée** $\frac{v_0^2 \sin 2\alpha}{g}$.

Mouvements dans un champ uniforme $\vec{E}$

Accélération

$$\sum \vec{F} = \frac{\mathrm{d}\vec{p}}{\mathrm{d}t} = m\vec{a} = q\vec{E} \text{ d'où } \vec{a} = \frac{q\vec{E}}{m}.$$

Équations du mouvement :

Si $\vec{v_0}$ est perpendiculaire à $\vec{E}$: $y = \frac{1}{2}\frac{qE}{m}t^2$;

$x = v_0t$ et $y = \frac{1}{2}\frac{qE}{mv_0^2}x^2$. (→ RABAT, IV)

Lois de Newton

▶ **Première loi** (principe d'inertie) : il existe des référentiels appelés référentiels galiléens dans lesquels la quantité de mouvement d'un système isolé se conserve. $\vec{p} = \overrightarrow{C^{te}} \Leftrightarrow \sum \overrightarrow{F_{ext}} = \vec{0}$.

▶ **Deuxième loi** : dans un référentiel galiléen : $\sum \overrightarrow{F_{ext}} = \frac{\overrightarrow{dp}}{dt}$.

Cette loi implique que la quantité de mouvement d'un système isolé se conserve (1re loi).

▶ **Troisième loi** (principe des actions réciproques) : que deux corps A et B soient au repos ou animés d'un mouvement quelconque, la force exercée par A sur B est opposée à la force exercée par B sur A : $\vec{F}_{A/B} = -\vec{F}_{B/A}$.

Lois de Kepler

Il s'agit de trois lois **empiriques** (énoncées à la suite d'observations astronomiques) (→ RABAT, VI).

1. Les planètes décrivent des ellipses dont le Soleil est un des foyers.
2. Le segment qui joint le Soleil à une planète balaie des aires égales en des temps égaux.
3. Si on note T la période de révolution T et a le demi grand-axe, le rapport T^2/a^3 est une constante caractéristique du Soleil.

Mouvements particuliers

Mouvement circulaire uniforme de rayon R

Dans le référentiel héliocentrique considéré comme galiléen, la deuxième loi de Newton s'écrit :

$$m_P a = \frac{v^2}{m_P R} = G m_P \frac{M_S}{R^2} \text{ donc } v = \sqrt{\frac{GM_S}{R}}.$$

À une valeur de la vitesse ne correspond donc qu'une seule altitude possible et réciproquement.

Comme $vT = 2\pi R$, on a $\frac{T^2}{R^3} = \frac{4\pi^2}{GM_S}$.

($\frac{4\pi^2}{GM_S}$ est la constante de la 3e loi de Kepler).

Amortissement

▶ Pour les systèmes **conservatifs**, il y a **conservation de l'énergie** mécanique totale :

$$E_m = E_c + E_{pp}$$

Au cours du mouvement, l'énergie potentielle se transforme en énergie cinétique et réciproquement.

▶ Dans la réalité, de l'énergie est **dissipée** sous forme de chaleur : les oscillations s'amortissent, l'énergie mécanique totale diminue.

EXEMPLE : ***Un pendule peut difficilement être utilisé pour la mesure du temps car les oscillations vont cesser et la période se modifier.***

Temps

▶ **Postulats d'Einstein**

Les lois de la physique sont les mêmes dans tous les **référentiels galiléens** (reprise du postulat de Galilée).

La célérité de la lumière dans le vide est **la même** dans tous les référentiels galiléens.

▶ **Temps absolu et temps relatif**

L'expérience courante nous montre un temps absolu : le temps s'écoule de la même façon dans tous les référentiels. Seule peut changer la date choisie comme origine.

Du postulat d'Einstein selon lequel la célérité de la lumière dans le vide est la même dans tous les référentiels galiléens, il résulte que le temps ne s'écoule pas de la même façon dans tous les repères galiléens.

▶ **Dilatation des durées**

Si un référentiel R_1 se déplace à une vitesse v proche de la vitesse c de la lumière par rapport à un référentiel R_0, une durée Δt mesurée dans R_0 est supérieure à la **durée propre** $\Delta\tau$ mesurée dans R_1.

On montre que :

$$\Delta t = \gamma \Delta \tau$$

où γ est le coefficient $\gamma = \dfrac{1}{\sqrt{1 - \dfrac{v^2}{c^2}}}$.

Diffraction et interférences

Diffraction

▶ Une onde est perturbée par un **obstacle** ou une **ouverture** dont la taille est de l'ordre de la longueur d'onde : elle se **diffracte**. L'ouverture ou l'obstacle se comportent alors comme une nouvelle source.

▶ Des figures de diffraction sont également observables lorsque se manifeste le **caractère ondulatoire** de particules.

EXEMPLE : ***La diffraction d'électrons.***

$\theta = \frac{\lambda}{a}$ Pour de petits angles, $\tan\theta \approx \theta$ et on a $\theta \approx \tan\theta = \frac{d}{2D}$.

Interférences

▶ Deux ondes issues de deux sources, dites **cohérentes**, peuvent interférer et l'on peut alors observer une **figure d'interférence.**

EXEMPLE : ***Les interférences sur l'eau.***

- Cela se produit entre autres lorsque les deux ondes se propagent dans un même milieu et que leur déphasage reste constant.

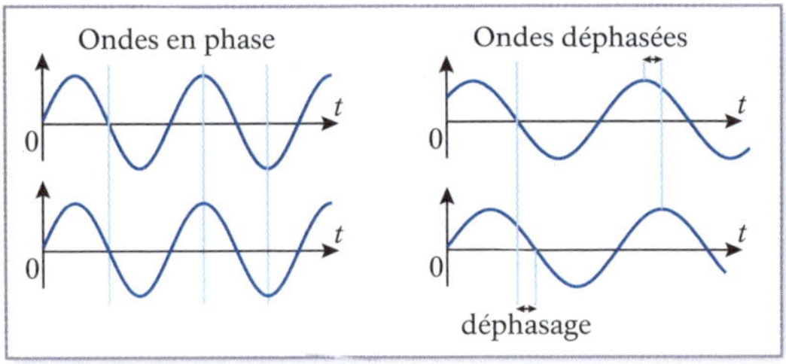

▶ La figure d'interférence, stable au cours du temps, présente des points où la perturbation est maximale (**interférences constructives**), d'autres où elle est nulle (**interférences destructives**).

▶ Interférence constructive :

$d = n\lambda$ ou $d = 2n\frac{\lambda}{2}$ ($d = d_1 - d_2$; voir schéma)

▶ Interférence destructive :

$d = \left(n + \frac{1}{2}\right)\lambda$ ou $d = (2n+1)\frac{\lambda}{2}$

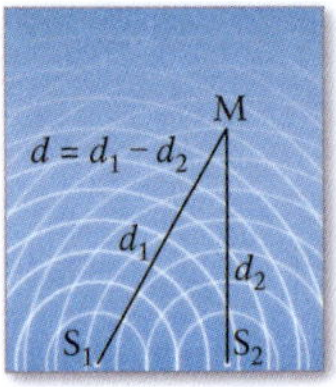

Effets des ondes

Une onde mécanique véhicule de l'**énergie mécanique** pouvant mettre en mouvement la matière. Les effets augmentent beaucoup plus rapidement que l'intensité du phénomène.

Niveau sonore L d'un son

$$L = 10 \log \frac{I}{I_0}$$

L sans dimension. Unité : dBA
I_0 plus petite intensité décelable par l'oreille, $I_0 = 10^{-12}\ \text{W} \cdot \text{m}^{-2}$.
I et I_0 en $\text{W} \cdot \text{m}^{-2}$.

Magnitude d'un séisme (exemple de l'échelle de Richter)

$$M = \log \frac{A}{A_0}$$

M sans dimension A et A_0 en unités arbitraires.
A donné en fonction de l'intensité de référence A_0 (ex : $A = 4 \times 10^7 A_0$).

Expression du décalage Doppler

Lorsqu'une source est en mouvement par rapport à un observateur, la fréquence et la longueur d'onde que celui-ci perçoit sont différentes de celles de la source.

- **Source s'approchant de l'observateur :** $f' > f'$ **et** $\lambda' < \lambda$ **;**

$$f' = f \frac{V}{V - v} \quad \text{et} \quad \lambda' = \lambda - VT$$

- **Source s'éloignant de l'observateur :** $f' < f'$ **et** $\lambda' > \lambda$ **;**

$$f' = f \frac{V}{V + v} \quad \text{et} \quad \lambda' = \lambda + VT$$

Transferts thermiques

Énergie interne U

Pour une température donnée, U est la somme des énergies cinétiques et des énergies potentielles microscopiques de toutes les particules.

Capacité thermique massique c

Chauffer ou refroidir un corps, c'est apporter ou prélever une quantité de chaleur Q qui va augmenter ou diminuer l'énergie interne d'une quantité ΔU.

Cette variation dépend de la nature du corps considéré. Pour un corps donné de masse m :

$$\Delta U = Q_{\text{échangée}} = cm\Delta T.$$

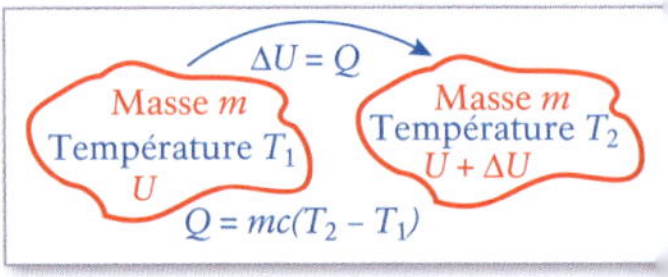

Transferts thermiques

▶ Le **transfert thermique** se fait toujours du corps le plus chaud vers le corps le plus froid. On distingue **convection** (avec transport de matière), **conduction** (à travers la matière sans transport de matière) et **rayonnement** (possible à travers le vide)

▶ Le **flux thermique** Φ traversant une paroi par unité de temps est

$$\Phi = \frac{S}{R}(T_1 - T_2)$$

où $T_1 > T_2$. R est la résistance thermique du matériau et S la surface de la paroi.

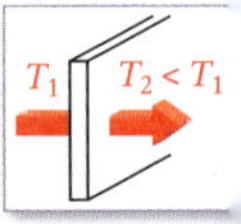

Lorsque plusieurs matériaux sont accolés, les résistances thermiques s'ajoutent.

▶ Pendant une durée Δt, la paroi transmet une quantité de chaleur Q et une **puissance thermique** P :

$$Q = \frac{S}{R}(T_1 - T_2)\Delta t \quad \text{et} \quad P = \frac{S}{R}(T_1 - T_2).$$

▶ Le **transfert thermique** Q et le travail W sont les seules façons d'échanger de l'énergie ΔE entre deux systèmes :

$$\Delta E = \Delta E_{\text{méca}} + \Delta U = \Delta E_c + \Delta E_p + \Delta U = W + Q.$$

Transferts quantiques d'énergie

Niveaux d'énergie

▶ Un atome dans l'état d'énergie E_n, peut **absorber** ou **émettre** une radiation électromagnétique de fréquence v. Cela se produit s'il existe un état E_p de l'atome tel que :

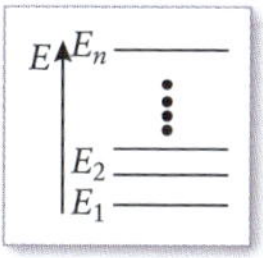

$$v = \frac{|E_n - E_p|}{h}$$

▶ Des atomes excités peuvent se désexciter de façon spontanée et le phénomène est alors aléatoire. Après pompage optique, la désexcitation peut être stimulée pour qu'elle se produise en phase pour tous les atomes et l'onde lumineuse peut être amplifiée. On réalise alors un LASER (*Light Amplificated Stimulated Radiation*).

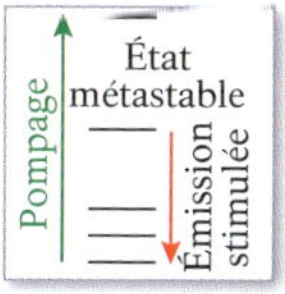

Dualité onde-corpuscule

▶ L'énergie E d'un photon correspondant à l'onde lumineuse de fréquence f et de longueur d'onde dans le vide λ est : $E = hf$.

▶ De même, à toute particule, massique ou non, de quantité de mouvement p on associe la longueur d'onde $\lambda = h/p$.

Transmettre et stocker de l'information

Signaux analogique et numérique

▶ **Analogique** : son amplitude varie continûment. Peut être transmis par voie hertzienne mais pas par transmission guidée.

▶ **Numérique** : son amplitude ne peut prendre qu'un nombre discret de valeurs. En binaire : 2^n valeurs possibles pour un codage n bits.

Chaîne de transmission

▶ Pour une transmission guidée, on opère une conversion analogique numérique en trois étapes : **échantillonnage**, **quantification**, **numérisation**. À la réception on décode le signal numérique pour retrouver le signal initial.

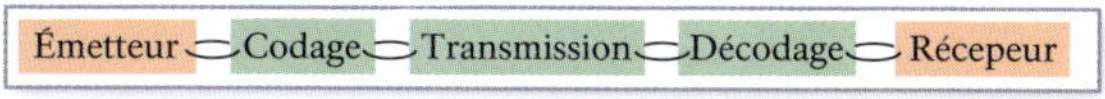

Ondes sismiques et ondes sonores

Ondes sismiques

- Les ondes longitudinales *P* (*primary*) se propagent plus rapidement.
- Les ondes transversales *S* (*secondary*) se propagent moins rapidement.

Ondes sonores

- Un **son** est une vibration mécanique longitudinale à laquelle est sensible l'oreille humaine. Sa fréquence est comprise entre 20 Hz et 20 000 Hz.
- L'**amplitude** du signal renseigne sur l'intensité du son.
- Sa **fréquence** renseigne sur sa hauteur : plus la fréquence est élevée, plus le son est aigu (haut) ; plus elle est basse, plus le son est grave (bas).
- La forme du signal renseigne sur son **timbre** qui permet de différencier la voix de deux personnes chantant la même note.

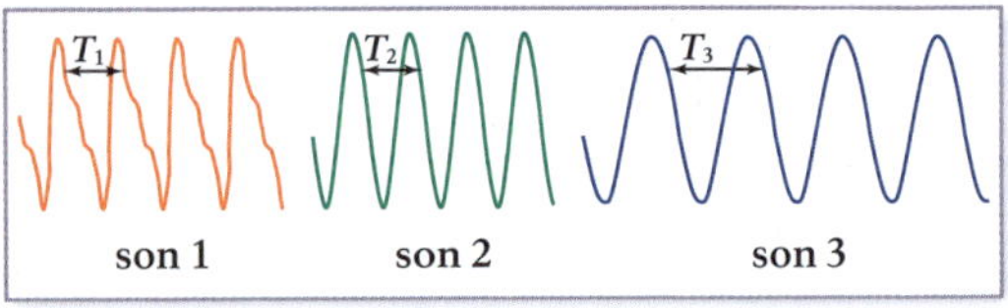

Sons 1 et 2 : même note, timbre différent. Son 3 : plus grave que les sons 1 et 2. Sons 1, 2 et 3 = même intensité.

- Le **spectre** d'un son complexe est composé de plusieurs fréquences. La plus basse (f_1 sur le schéma) est appelée **fondamental**. Les fréquences plus élevées (f_2 et f_3) sont les **harmoniques**.

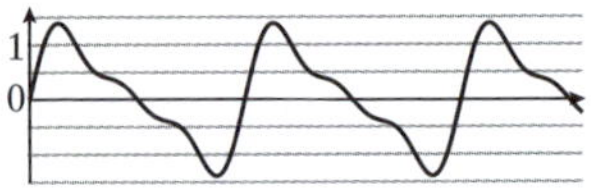

Son complexe

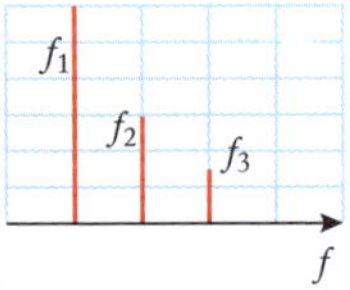

Spectre

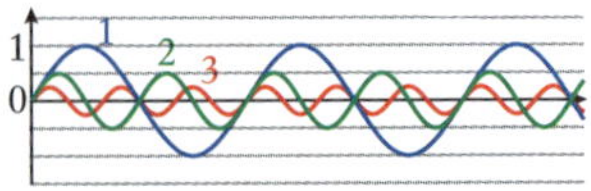

Sons purs (sinusoïde) de fréquences f_1, f_2 et f_3 dont la superposition correspond au son complexe.

Aide-mémoire

Ondes et matière

Définitions

- Une **onde** correspond à un transport d'énergie sans transport de matière. Après le passage de l'onde, le milieu retrouve son état initial.
- Une **onde mécanique** se propage dans un milieu matériel ; la matière est déplacée au passage de l'onde et reprend ensuite sa place.
- Une **onde électromagnétique** se propage dans le vide et dans certains milieux matériels dits transparents pour l'onde considérée ; elle entraîne une perturbation des champs électrique et magnétique à son passage.
- Dans le cas des **ondes longitudinales**, la perturbation est parallèle à la direction de propagation.

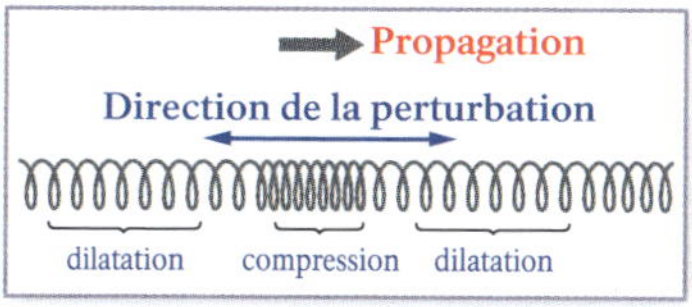

- Dans le cas des **ondes transversales**, la perturbation est perpendiculaire à la direction de propagation.

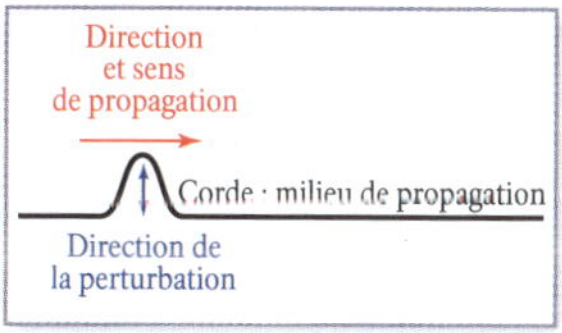

Ondes périodiques sinusoïdales

- La **longueur d'onde** λ est la plus petite distance séparant deux points de l'espace se trouvant à tout instant dans le même état vibratoire.
- La **période** T est la plus petite durée séparant deux instants où un même point de l'espace se trouve dans le même état vibratoire.
- La **célérité** v est la vitesse de propagation de l'onde.
- Périodicité temporelle et périodicité spatiale sont liées :

$\lambda = v \times T$ (λ en m ; v en $m \cdot s^{-1}$; T en s).

Constantes et grandeurs courantes

Constantes	Symbole	Valeur
Constante d'Avogadro	N_A	$6{,}02 \times 10^{23}$ mol^{-1}
Vitesse de la lumière (vide)	c	$3{,}00 \times 10^{8}$ $m \cdot s^{-1}$
Constante de gravitation	G	$6{,}67 \times 10^{-11}$ $N \cdot m^2 \cdot kg^{-2}$
Constante (loi de Coulomb)	k	$9{,}0 \times 10^{9}$ $N \cdot m^2 \cdot C^{-2}$
Constante de Planck	h	$6{,}63 \times 10^{-34}$ $J \cdot s$

Grandeur	Symbole	Unité
Masse	M ou m	kg
Longueur	l	m
Temps	T ; t ; τ	s
Vitesse	v	$m \cdot s^{-1}$
Accélération	a	$m \cdot s^{-2}$
Quantité de mouvement	$\vec{p}$	$kg \cdot m \cdot s^{-1}$
Force	$\vec{F}$	N *newton*
Champ de pesanteur	$\vec{g}$	$N \cdot kg^{-1}$ ou $m \cdot s^{-2}$
Pression	p	Pa *pascal* (ou bar)
Température	T (θ)	K *kelvin* (ou °C)
Charge	q	C *coulomb*
Intensité	I	A *ampère*
Tension, potentiel électrique	U, E	V *volt*

Grandeur	Symbole	Unité
Champ électrique	E	$V \cdot m^{-1}$
Résistance	R	Ω *ohm*
Puissance	P	W *watt*
Flux thermique	Φ	W *watt*
Intensité d'un son	I	$W \cdot m^{-2}$
Énergie, travail	E, W	J *joule*
Quantité de chaleur	Q	J *joule*
Capacité thermique massique	c	$J. \cdot kg^{-1} \cdot K^{-1}$
Niveau sonore	L	dB *décibel*
Magnitude	M	dB *décibel*